Friederike von Tiedemann

Das Geheimnis dauerhaften Glücks

Friederike von Tiedemann

Das Geheimnis dauerhaften Glücks

Leitsterne für Paare

KREUZ

Für meine Stiefkinder Vajra, Santhal,
Sukhita, Jinpa und Tilo

Mögen sie mit ihren Partnern und Partnerinnen
ein glückliches Leben führen!

www.kreuz-verlag.de

Umschlaggestaltung: [rincón]² medien gmbh, Köln
Umschlagmotiv: © Getty Images
Autorenfoto: © privat

Satz: de·te·pe, Aalen
Herstellung: fgb · freiburger graphische betriebe
www.fgb.de

Gedruckt auf umweltfreundlichem, chlorfrei gebleichtem Papier
Printed in Germany

ISBN 978-3-451-61041-7

Inhalt

Einführung
Das Geheimnis dauerhaften Glücks

Paare wollen glücklich sein oder glücklich werden – auf jeden Fall aber wollen sie es möglichst lange bleiben! Viele Paare steuern jahrelang souverän ihr Liebeschiff und wundern sich, wenn es dann doch in Seenot gerät und ihre Liebe auf der Strecke bleibt. Danach erscheint manchen jeder neue Versuch, sich zu binden, wie ein riskantes Projekt, das möglicherweise mit hohen Investitionen und der Gefahr von schmerzlichem Verlust verknüpft ist. Wenn es dann nicht so kommt wie erhofft, wenn es einfach nicht klappt mit der Liebe auf Dauer, dann fragt sich mindestens einer von beiden: »Woran hat es denn gelegen?«

In diesem Buch werden 13 typische Verhaltensmuster von Paaren vorgestellt, die dem dauerhaften Glück in einer Beziehung entgegen stehen können. In die Krise führen diese Muster immer dann, wenn dabei nicht auf wesentliche Grundpfeiler einer Partnerschaft geachtet wird; zum Beispiel auf die von Hans Jellouschek beschriebene Balance zwischen Gegensätzen wie Geben und Nehmen, Autonomie und Bindung oder Führen und Sichanschließen.

Nirgendwo, an keiner Schule, in keiner Ausbildung lernen wir, wie Liebe mit einem Partner auf Dauer funktionieren kann, denn Liebesbeziehungen gehören zum persönlichsten Bereich einer Person, und jeder möchte gerade hier auf seine individuelle Weise den Weg zur Erfüllung seiner Träume finden.

Was ist also das Rezept, um in einer Paarbeziehung auf Dauer wirklich glücklich zu sein und es auch zu bleiben? Darüber existieren in unseren Köpfen eine Menge unterschiedlicher Vorstellungen. Manche erahnen wir, andere sind uns nicht bewusst. Aber wir handeln danach und gestalten nach ihnen unsere partnerschaftlichen Beziehungen. Bewusst werden sie uns spätestens dann, wenn wir in eine Paarkrise geraten und uns bei der Analyse der Gründe plötzlich klar wird, dass gerade eine Leitidee wie zum Beispiel »Ich habe doch immer alles für dich getan …« in die Krise geführt hat.

»Wir reden über alles«, »Wir machen alles gemeinsam«, »Wir haben keine Geheimnisse«, »Wir sind uns immer einig«, »Wenn ich alle Wünsche meiner Frau erfülle, dann zeige ich ihr, dass ich sie liebe« …

Einige Paare ziehen aus ihrem Scheitern den Schluss, dass er oder sie eben nicht der »richtige Partner« oder die »richtige Partnerin« gewesen sei. Für andere liegt der Grund des Auseinandergehens auch daran, dass die Liebe »nicht stark genug« war.

Somit ist dies ein Buch für diejenigen, die für riskante Beziehungsabenteuer nicht oder nicht mehr zu begeistern sind. Es ist auch für solche, die zu wissen glauben, wie es funktioniert mit der Liebe und dem Glück, die aber eine Bestätigung dafür gebrauchen können, dass sie mit der Gestaltung ihrer Beziehung bereits auf einem guten Weg sind. Es gibt auch diejenigen, welche zuweilen leise Zweifel haben, ob sie ihr Rezept für eine dauerhafte Liebe nicht doch um ein paar wertvolle Tipps ergänzen möchten. Vielleicht werfen sie dann beim Buchhändler eher beiläufig einen Blick in dieses Buch oder lesen es gar heimlich unter der Bettdecke, vielleicht verschenken sie es an ihren Freund, der so etwas gerade gut gebrauchen kann, oder sie lesen es kapitelweise ihrer Partnerin vor und werden dadurch zu interessanten Gesprächen angeregt. Auch das würde mich freuen. Ich möchte mit der Beschreibung dieser Leitideen und deren Einschätzung nicht behaupten, dass Paare mit ihren Leitsternen nicht auch über lange Jahre eine glückliche Beziehung führen können, ohne dass die Liebe unbedingt Schaden erleiden muss. Dennoch könnte dieses Buch im Sinne einer präventiven Hilfe auch für solche zufriedenen Paare interessant sein und ihnen die Sicherheit geben, dass sie ihrem Leitstern in guter Weise folgen.

Schließlich ist dieses Buch auch geeignet für Paare, die einer Paarbeziehung eher skeptisch gegenüberstehen oder für die der Gang zum Therapeuten noch immer einer Bankrotterklärung gleichkommt. Dabei könnten nach meiner Erfahrung viele Beziehungen auch weiterhin erhalten bleiben, wenn die Paare sich früher professionelle Unterstützung gönnen würden und sich eine »Anleitung für die Pflege ihres Liebessterns« mit dem gleichen Selbstverständnis erlaubten, wie sie diese alltäglich für jedes technische Gerät in Anspruch nehmen. Warum also nicht ein halbjährlicher Zwischencheck? Stattdessen kommen Paare meist erst dann in die Paarberatung, wenn schon viel Glanz abgebröckelt ist, lange Zeit eine Krise bestand und selbst das Fundament der Beziehung ins Wanken geraten ist. Zu oft habe ich in meinen Paarberatungen der vergangenen 20 Jahre erlebt, dass an irgendeinem Punkt der Beratung der Satz fiel: »Warum haben wir das nicht schon früher gewusst?«

Die in diesem Buch dargestellten 13 Leit- oder Liebesideen habe ich über Jahre in der eigenen Beratungspraxis gesammelt. Es handelt sich hier um typische Vorstellungen, nach denen Paare ihre Beziehungen gestalten und ihnen eine ganze Zeit lang wie einem guten Stern folgen. Dann aber kann dieser auch eintrüben und sein Licht verlieren, indem dieselben Leitideen die Lebendigkeit der Beziehung beeinträchtigen und einen der Partner oder beide unzufrieden machen. Mit der Anzahl von 13 erhebe ich keinen Anspruch auf Vollständigkeit, denn niemand kann wissen, wie viele hilfreiche Leitsterne es in Paarbeziehungen tatsächlich gibt.

Die Informationen stammen aus meiner praktischen Tätigkeit als Paartherapeutin und sind nicht statistisch belegt.

Die wiederholt beobachteten Leitideen werden anhand von kleinen Fallgeschichten anschaulich dargestellt. Die Fallgeschichten wurden zum Schutz der Personen anonymisiert und teilweise aus mehreren Fällen generiert.

Im Anschluss daran wird zunächst skizziert, was an dem jeweiligen Verhaltensmuster wertvoll ist, und dann durch praktische Tipps ergänzt, welche die Chancen auf den Erhalt des Liebessterns erhöhen sollen. Damit dieser nicht ins Trudeln gerät, kann am Ende des Buches jeder mithilfe eines kleinen Tests der eigenen Leitidee auf die Spur kommen und hoffentlich seinem guten Stern weiterhin ruhigen Gewissens und mit bestem Gefühl folgen.

Viel Freude, Genuss und kritische Reflexion bei der Lektüre, beim Sich-Wiederfinden und -Angesprochenfühlen, beim Sternepolieren und beim Diskutieren mit Ihrem Partner/Ihrer Partnerin oder Freunden, wünscht Ihnen

Friederike von Tiedemann

Hinweis

Der einfacheren Schreibweise halber verzichte ich auf die Nennung der weiblichen und männlichen Begriffe. Diese wechseln hin und wieder, womit dem Verständnis von Gleichberechtigung Rechnung getragen werden soll.

Dies betrifft ebenso die im Buch erzählten Geschichten zu den Leitideen. Die Männer und Frauen in diesen Geschichten können in der Realität durchaus in wechselnden Rollen vorkommen. Meine Darstellung ist somit nicht als allgemeingültige Aussage über »typisch weibliche« oder »typisch männliche« Verhaltensmuster zu verstehen.

Die 13 Leitsterne des Glücks

1

»Wenn du mich wirklich liebst, musst du mich so nehmen, wie ich bin«

Paare, die diesem Leitstern folgen, führen ihre Beziehung meist nach diesem Prinzip: Wenn du mich wirklich liebst, dann hast du dafür Verständnis, dass ich so bin, wie ich bin. Ich selbst muss mich nicht ändern. Mein ungesundes Essverhalten, meine Empfindsamkeit, meine Sportbegeisterung, meine depressiven Tiefpunkte, meine Kinder aus erster Ehe etc. – damit musst du dich arrangieren. Wenn nicht, dann ist deine Liebe eben nicht stark genug.

Beide Partner hängen der Auffassung an, der andere liebe sie nur dann wirklich, wenn er sie auch mit all ihren Schwächen und persönlichen Eigenarten akzeptiert. Es fällt beiden schwer, den eigenen Standpunkt zu überdenken und durch ihr Verhalten auf die Bedürfnisse des anderen einzugehen.

Die Geschichte

Georg und Susann hatten beide bereits ihre erste Ehe hinter sich, als sie sich kennenlernten. Es war kein reiner Zufall, dass sie bei ihrem gemeinsamen Freund Franz zum Abendessen eingeladen waren und sich spontan gut verstanden; Franz hatte das Treffen mit seiner Frau Gerda arrangiert, was die beiden aber erst später zugaben. Zu diesem Zeitpunkt waren Georg und Susann noch dabei, ihre Wunden aus erster Ehe zu verarbeiten, und hatten wenig Lust auf ein neues Beziehungsrisiko, das die Gefahr erneuter Verletzung barg. Dass sie sich aber einfach über Gott und die Welt unterhalten konnten, faszinierte beide so sehr, dass es weitere Treffen gab. Nach einigen Wochen kam es schließlich an einem besonders schönen Spätsommertag zu einer intimeren Begegnung.

Zu diesem Zeitpunkt steckte Georg noch mitten in der Trennungs- und Scheidungsphase. Seine Frau Carola litt unter Depressionen und er war jahrelang nur der Leute und der eigenen moralischen Verpflichtungen wegen bei ihr geblieben. Doch Susann, diese jugendliche und vor Energie sprühende Frau, erlöste ihn geradezu aus seinem festgefahrenen Leben. Sie brachte genügend Kraft und Zuversicht mit, so dass er sich schließlich von Carola trennte. Dies war sogar für seine erwachsenen Kinder eine Erleichterung, denn sie hatten ihrem Vater schon lange etwas mehr Glück in der Liebe gewünscht. Nun startete ein neues Liebesabenteuer, das mit zunehmender Verbindlichkeit unverhofft doch noch eine auf Dauer angelegte Partnerschaft werden sollte. Susann setzte sich voll für die IT-Firma von Georg ein, übernahm wichtige Aufgaben in der Kundenbetreuung, war jederzeit Gesprächspartnerin für ihn und stellte eigene berufliche Wünsche bereitwillig zurück. Eigentlich wollte sie nämlich gerne in ihrem alten Beruf der Steuerfachgehilfin weiterkommen und – das war ihr größter Traum – einmal ein eigenes Steuerbüro haben. Sie half Georg auch, sich von Carola zu trennen und sich aus der Rolle des ewigen Kümmerers zu verabschieden. Nach zwölf Jahren kam Georg in den ersehnten Ruhestand. Nun wollte er das Leben mit Susann voll und ganz genießen, aber nun war die neun Jahre jüngere Susann ihrerseits damit beschäftigt, ihren beruflichen Traum zu verwirklichen. Sie hatte mittlerweile den Abschluss als Steuerfachwirtin erreicht. Eine alte Ausbildungskollegin meldete sich und bot ihr die Übernahme eines Steuerbüros an. Leider lag es 80 Kilometer entfernt, so dass Susann von nun an viel zu Kunden unterwegs und Georg viel allein zu Hause war.

Georgs Plan ging nicht auf und er litt zunehmend darunter. Er bat Susann, die seiner Ansicht nach verrückte Idee mit dem Steuerbüro aufzugeben. Dabei wurde er immer drängender und warf ihr vor, sie gebe der Beziehung nicht mehr die Priorität, sondern verfolge nur noch ihre eigenen Interessen. Susann empfand das Verhalten Georgs als verletzende Abwertung ihrer Person. Er hätte sich für sie freuen und ihr bei dieser neuen Herausforderung motivierend beistehen sollen. Sie distanzierte sich innerlich von ihm und kam ungern nach Hause, da er oft sowieso nur mit einem langen Gesicht dasaß und auf sie wartete. Damit begann die Krise.

Beide verfolgten die Idee: »Wahre Liebe ist, wenn der andere mich so nimmt, wie ich bin, und akzeptiert, was für mich existenziell wichtig ist.« Georg wünschte sich, dass Susann ihn mit seiner großen Sehnsucht nach Nähe und Kontakt annehme, und Susann wünschte sich ihrerseits auch, dass Georg sie so nehme, wie sie ist, nämlich mit einem starken Wunsch nach Eigenständigkeit und Lebendigkeit.

Schließlich hatten sich über Jahre hinweg aus diesem Konflikt auf beiden Seiten so viele Verletzungen angehäuft, dass eine faire Verhandlung nicht mehr möglich war und auch eine begonnene Paarberatung nichts mehr retten konnte. Susann lernte über ihre Arbeit einen anderen Mann kennen und trennte sich daraufhin von Georg, voller Bitterkeit über sein mangelndes Entgegenkommen.

Der gute Stern

Natürlich ist es ein legitimer Wunsch, wenn ich mir vom anderen erhoffe, dass er mich so annimmt, wie ich bin. Oft stammen diese Wünsche aus der Kindheit und wurden dort gar nicht oder nur ungenügend erfüllt. Zu mir gehören kann dann einiges, das ich von meinem Partner geliebt wissen will: meine Kinder aus früheren Beziehungen, meine Fußballleidenschaft, meine Unordentlichkeit, mein Hang zur Schwermut, meine Tendenz zu Über- oder Untertreibungen, meine chronisch ängstlich-vorsichtige Kontaktaufnahme zu allem Fremden, meine Langsamkeit, meine Not, wenn ich mich im Freundeskreis überengagiere, damit die Freunde mich mögen, mein unstillbarer Drang nach Aktivität, der manchmal in blinden Aktionismus ausartet, meine tiefe Unsicherheit, ob ich wohl wirklich in Ordnung bin und das, was ich leiste, etwas wert ist, meine maßlosen Pflichtgefühle der eigenen Familie gegenüber usw. Der Mensch, der mich genau an diesem Punkt gut versorgt und mich endlich in meiner Besonderheit annimmt, ist dann derjenige, den ich zutiefst liebe. Das kann bedeuten, dass er mich mit meinem großen Wunsch nach beständiger Liebesbekundung annimmt und mir aus Liebe täglich versichert, dass er mich mag und dass er immer bei mir bleibt. Es ist wunderbar, wenn das einfach und ohne viel Vorarbeit geschieht und der andere dies leicht geben kann. Das kann auch der Wunsch sein, dass der Partner meine depressiven Durchhänger, die auch mal Tage andauern können, akzeptiert. Es heilt Wunden, wenn mein Partner mich spüren lässt, dass er mich auch mit einem Muffelgesicht am Morgen mag. Es kann auch die erhöhte Empfindsamkeit sein, die ich aus meiner Kindheit mitbringe, wenn man mir nicht »wirklich« zuhört. Wie herrlich, wenn der andere dies versteht und sich mit sanften Anfragen an mich herantastet, meine endlosen Selbsterklärungen geduldig mit Verständnis verfolgt und möglichst häufig fragt, ob er mich nun wohl richtig verstanden habe.

Ein spezieller Fall, aber von ähnlicher Natur, tritt dann auf, wenn zum Partner Kinder gehören. Auch Kinder aus früheren Partnerschaften oder Ehen gehören zu mir; und damit muss der andere sich arrangieren. Die Erwartungshaltung an den Partner entspricht hier ganz dem Prinzip: »Wenn du mich wirklich liebst, dann nimmst du mich mit ihnen und all dem, was damit an Einschränkungen einhergeht.« Diese Haltung bedeutet aber auch: Ich selbst muss an der Situation nichts ändern, denn das ist mein Naturell, und wahre Liebe umfasst auch meine schwierigen Seiten. Also liebe sie mit, dann weiß ich, dass du mich wirklich und wahrhaftig liebst!

Wenn der Stern vom Himmel fällt

Warum es bei Georg und Susann doch anders gekommen ist, kann man daran erkennen, dass der Anspruch, vom anderen ganz angenommen zu werden, beide überfordert hat. Solange sich Susann ganz nach Georg richtete, war sein Wunsch nach tiefer Nähe und beständigem Austausch voll befriedigt, wobei Susanns Wunsch nach Autonomie zunächst unter der Oberfläche blieb. Somit funktionierte das Ganze genau so lange prima, bis sich die Lebenssituation änderte und Georg in den Ruhestand kam. Da zeigte sich, dass Susann auf ihren – bisher ungelebten – Teil nicht ganz verzichten konnte, und damit kollidierten die unterschiedlichen Wünsche beider zum ersten Mal. Beide wünschten sich doch so sehr, der andere möge irgendwann in der Lage sein, seine Toleranzschwelle zu erhöhen. Georg hoffte, dass Susann seine Wünsche nach Zweisamkeit und Häuslichkeit erfülle, indem sie ihre späten Berufsideen aufgeben möge, und Susann hoffte auf mehr Akzeptanz ihrer Selbstentfaltungsbedürfnisse durch Georg. An diesem Konflikt ging die Liebe langsam zugrunde. Denn jede kleine wiederholte Enttäuschung nagte am Liebesfundament. Immer wenn Susann von ihren Erfolgen berichtete, erntete sie verächtliche Bemerkungen von Georg, und immer wenn Georg sie daheim neben sich haben wollte, fluchte sie über seine Festhaltemanöver.

Früheres wirkt mit hinein

Durch die jeweilige Nichterfüllung des Grundbedürfnisses nach Autonomie beziehungsweise Bindung berührten beide zudem eine ganz besonders verletzliche Stelle in der Seele des anderen. So vermisste Georg als kleiner Junge die Nähe und Zuwendung seiner Eltern, da diese ihre ganze Aufmerksamkeit auf die finanzielle Absicherung der großen Familie (Georg hatte fünf Geschwister!) ausgerichtet hatten. Susann wiederum war als Älteste in ihrer Geschwisterreihe von früher Kindheit daran gewöhnt, eigene Bedürfnisse zugunsten der Bedürfnisse ihrer kleineren Geschwister zurückzustellen. Ihre Sehnsucht nach Anerkennung und Wahrgenommensein blieb bis in die Gegenwart bestehen. Beide hatten also eine »Wunde« in ihrer Seele, die aus alter Zeit stammte. Der Schmerz wurde für beide deshalb so unverhältnismäßig groß, weil sie nicht ahnen konnten, dass die aktuell erlebte Enttäuschung von der schmerzlichen Kindheitserfahrung herrührte. Deshalb konnten sie auch die Heftigkeit des Schmerzes und die emotionale Wucht der Gefühlsausbrüche, welche sich jeweils beim anderen zeigten, nicht richtig zuordnen. Distanzierung war für Susann schließlich die einzige Lösung.

Grenzen anerkennen anstatt Überforderung auf Dauer

Wenn es sich bei Erwartungen an den Partner so wie hier um ein existenzielles Bedürfnis handelt, kann ich nicht darüber hinwegsehen. Ich kann aber auch nicht erwarten, dass der andere immer alles aushält. Susann kann nicht erwarten, dass Georg ihren extremen Aktivismus erträgt, gerade jetzt, wo er endlich mehr Zeit für Zweisamkeit hätte. Und Georg kann nicht erwarten, dass er mit seinem übersteigerten Bedürfnis nach Nähe und Zweisamkeit bei Susann große Euphorie auslöst. Beide müssen einsehen, dass sie den anderen überfordern und ihm sogar gehörig auf die Nerven gehen. Manchmal sind wir mit unserem »So-Sein« für unseren Partner eine echte Zumutung, so schlimm und verletzend die Entstehungsgeschichte dieser Eigenschaft für den Einzelnen auch gewesen sein mag, so sehr sie auch erklärlich und verständlich ist. Einen Anspruch auf Angenommensein haben wir deswegen noch lange nicht. Die Art, wie wir versuchen, unsere Wünsche erfüllt zu bekommen, ist in ihrem oftmals unnachgiebigen Ausdruck für unsere Umwelt nicht selten sozial unverträglich. Oft führen unsere übersteigerten Erwartungen früher oder später zu Enttäuschungen, da wir den Partner damit nach einer gewissen Zeit überfordern. Wir können ihm diese Enttäuschung dann immer wieder vorhalten oder wir können uns distanzieren, was auch trennen heißen kann. Für Letzteres musste sich Susann schließlich entscheiden.

Wie unser Stern auch in Zukunft leuchten kann

Die kindliche Erwartung, dass der andere mich auch mit meinen Ecken und Kanten immer liebenswert findet, kann ich, wie schon angedeutet, nicht aufrechterhalten, ohne enttäuscht zu werden. Und ich kann auch nicht einfach erwarten, dass er lernen muss, mit ihnen zu leben. Damit erhebe ich den Anspruch auf Unveränderbarkeit bei mir und vollkommene Anpassungsfähigkeit beim anderen. Und gerade das geht schief.

Angemessener ist es, diese Erwartungen auf ein verträglicheres Niveau zurückzuschrauben und dankbar dafür zu sein, dass mein Partner mich die ganzen Jahre damit so tapfer und ausdauernd ertragen hat.

Ich muss selbst die Verantwortung für meine Besonderheiten beziehungsweise für meine (manchmal) übersteigerten Bedürfnisse übernehmen und sollte nicht darauf hoffen, dass der andere mich hier beständig nährt oder gar vollständig versorgt. Ich sorge also selbst dafür, dass man mir zuhört, mich etwas länger umarmt, würdige meine eigene Leistung, anstatt immer vom Lob meines Partners abhängig zu sein, gehe mit meiner Depression zur Therapie, bekämpfe meine chaotische Arbeitsorganisation mit einem Coach oder suche mir, falls ich mir den Coach nicht leisten kann, Rat in einem guten Buch. Einen gut gemeinten Tipp meines Partners muss ich nicht gleich mit dem Abwertungskanon meines Vaters verwechseln; ein Rückzug ins eigene Zimmer wegen Müdigkeit ist keine grundlegende Infragestellung meiner Person. Diese differenziertere Wahrnehmung und gelassene Haltung zu trainieren ist sicherlich allein schwer. Mit einem professionellen Begleiter ist das einfacher und es können dann auch erlittene seelische Mangelzustände aus meiner frühen Biografie leichter entdeckt werden. Es benötigt einen hohen Grad an Selbstreflexion, die ich gemeinsam mit einem kompetenten Therapeuten lernen kann, um zu erkennen, was ich mir von diesen alten Sehnsüchten heute immer noch erhoffe und ersehne, obwohl ich längst erwachsen bin. Ich muss erfassen können, welche Wünsche ich davon auf meine Partnerin übertrage und wo ich sie damit überfordere.

Wünsche verabschieden fällt leichter, als die Beziehung zu beenden

Es geht darum, einen Abschied zu vollziehen. Denn was nie mehr kommen kann, weil die Kindheit für immer vorbei ist, muss ich irgendwann verabschieden und loslassen! Das Wichtigste, zugleich aber auch das Schwerste daran ist, dass beide für sich selbst den Abschied von ihrer Sehnsucht der Erfüllung dieses Bedürfnisses vollziehen müssen. Sie müssen verstehen, dass das, was ihnen damals so sehr gefehlt hat, heute nicht mehr nachgeholt werden kann. Jedenfalls nicht mehr in dem Maße, wie es damals so gutgetan hätte.

Ein einfaches Ritual kann diesen Abschied erleichtern: Schreiben Sie einen Brief, den Sie nicht abschicken, an Vater, Mutter oder beide und benennen Sie darin noch einmal, was Ihnen als Kind gutgetan hätte. Beschreiben Sie die Szenen ganz exakt und berichten Sie anhand von konkreten Situationen, was genau Sie damals so sehr gebraucht hätten. Schreiben Sie den Brief mit Zeit und innerer Beteiligung, trauern Sie dabei und vollziehen Sie damit den inneren Abschied. Abschied tut weh und Trauer ist das angemessene Gefühl. Wir umschiffen diesen Schmerz meist lange und bewahren uns damit vor seiner Wucht. Verbrennen oder vergraben Sie den Brief oder legen Sie ihn Ihren Eltern ans Grab. Sie können sich auch selbst eine Antwort schreiben, denn so wäre ein verständnisvoller Vater darauf eingegangen und hätte Ihrer Kinderseele gutgetan. Damit beginnen Sie, sich selbst zu be-eltern, denn als Erwachsener sind Sie dazu in der Lage. Sie müssen nun auch nicht mehr darauf warten, dass der andere Ihnen die Welt so gestaltet, dass Sie sich wohlfühlen, sondern Sie gestalten sie selbst und haben Ihr Leben selbst in der Hand. Damit geben Sie auch Ihrem Partner und der Liebe mehr Freiheit.

Es ist wichtig, den kleinen Spielraum, innerhalb dessen Sie sich selbst entwickeln und verändern können, zu nutzen.

Die kleinste Anstrengung in dieser Richtung löst beim Partner häufig schon gewaltige Zuversicht und seinerseits wiederum die Bereitschaft zu persönlicher Veränderung aus.

Wie die Geschichte gut weitergegangen wäre

Bei Susann und Georg hätte Veränderung so aussehen können: Wenn Georg begonnen hätte, sein Leben auch in anderen Bereichen, außerhalb der Partnerschaft, zu gestalten, zum Beispiel mit eigenen Interessen, die er auch gerne mit anderen teilt, dann hätte er Susann vielleicht leichter die Freiheit gönnen und ihr das geben können, was sie sich so sehnlichst gewünscht hätte, nämlich positive Resonanz und Unterstützung. Dies wiederum hätte bei ihr sicherlich eher eine Rücksichtnahme auf Georgs Nähebedürfnisse ermöglicht. Sie hätte womöglich ihr Engagement für ihren Job etwas reduziert oder der Beziehung mehr Vorrang gegeben. Beide hätten dem anderen etwas mehr abverlangt, nämlich den totalen Anspruch an den anderen aufzugeben; aber beide hätten auch ein wenig das jeweilige Bedürfnis ihres Partners im Auge behalten und in dem Maße bedient, wie es ihnen ehrlich möglich gewesen wäre. Somit hätten sie sich von der Leitidee »Nur wenn du mich mit allem nimmst, was zu mir gehört, liebst du mich wirklich« verabschiedet. Sie hätten sich mit ihren Grenzen anerkannt und den Anspruch aufgegeben, dass der andere ihre Wünsche vollkommen versorgt.

Susann und Georg hätten damit respektiert, dass Grenzen zur Würde einer Person gehören, und sich daher auch keine falschen Hoffnungen auf wundersame Entwicklungs- und Verwandlungsschübe beim anderen gemacht. In dieser Hinsicht haben Menschen teilweise einen bemerkenswert langen Atem: Wir hoffen darauf und kämpfen zum Teil mit aller Macht darum, dass der andere doch endlich seine angeblich notwendigen Veränderungsprozesse durchlaufen möge. Und selbst wenn es geschieht, dann werden sie von uns nur mit Ungeduld erwartet, und wir erlauben keinerlei Rückfälle.

Aber wir verleugnen dabei, wie treu wir uns im Großen und Ganzen ein Leben lang bleiben. Denn wir können nie ganz aus unserer Haut.

Unterschiede respektieren, anstatt sie zu bekämpfen

Georg wird wie manch anderer immer eher der Bindungs- und Nähetyp bleiben und Susann immer die lebendige Aktive. Deshalb haben sie einander höchstwahrscheinlich auch so anziehend gefunden. Aber jeder kann dem anderen ein bisschen entgegenkommen. Georg kann seinen Radius vergrößern und eigene Interessen verfolgen, sich einen eigenen Freundeskreis suchen – und es sich auch dann gut gehen lassen, wenn Susann ihrer Wege geht. Susann wiederum kann ihre beruflichen Entfaltungswünsche begrenzen und anerkennen, dass ihr Mann in einer anderen Lebensphase ist als sie. So würde sie auf ihn zugehen, ohne sich selbst ganz aufzugeben, so wie sie es bisher praktiziert hatte.

Ich kann meinen Partner bitten, in konkret benannten Situationen auf ganz bestimmte Weise mit einem Satz oder einer Geste oder einer Handlung zu reagieren und mich auf diese Weise zu unterstützen. Susann hätte Georg zum Beispiel darum bitten können, ihre beruflichen Erfolge zumindest jeden Abend kurz zu würdigen. Georg wiederum hätte den Wunsch äußern können, dass Susann eine ausgehandelte Anzahl von Anrufen tätigt, wenn sie unterwegs ist, und somit sein Bindungsbedürfnis versorgt. Das hätte keinen von beiden überfordert, denn sie hätten es aus Liebe zum anderen getan. Und beide hätten bei sich eine Liebeshandlung verbucht, nach der sie sich schon so lange gesehnt hatten.

Die Partner ersetzen somit ihren Anspruch auf Erfüllung ihres Bedürfnisses durch Dankbarkeit. Dankbarkeit dafür, dass man trotz seiner besonderen Eigenschaften geliebt wird. Beide kommen dem anderen ein Stück entgegen, tun etwas ihm zuliebe, aber eben nur so viel, wie sie dauerhaft gut geben können.

Mit Kompromissen dem Liebesstern wieder näherkommen

Wechselseitige Zugeständnisse sollten verhandelt werden, und zwar so lange, bis das Ergebnis ein Kompromiss ist, mit dem beide gut und für eine gewisse Zeit entspannter leben können. Da das Leben nicht immer gleich bleibt, können sie immer wieder geprüft, nachreguliert und neu angepasst werden.

Zum Ausgleich kann der Partner sich in einer anderen für ihn existenziell wichtigen Situation etwas wünschen. Dies kann folgendes Muster haben: Dafür, dass du mir öfter sagst, wie wichtig ich für dich bin (weil meine Wunde aus der Kindheit, nicht gesehen worden zu sein, immer noch so schmerzvoll ist), betone ich häufiger, was du gut kannst (weil deine Wunde aus deiner Kindheit die ist, als »dumm« bezeichnet worden zu sein). Somit gelangen Geben und Nehmen wieder in einen Ausgleich und beide Partner beschenken sich emotional reich, und zwar auf der Ebene eines tieferen Verstehens der jeweiligen Not des anderen. Sie gestehen sich aber auch ehrlich ein, wie weit sie bei ihren Bemühungen für den anderen gehen können. Konkret bedeutet dies dann aber auch, dass ein Partner dem anderen wohl durchaus *ein Mal* täglich explizit seine Liebe bekunden kann, aber nicht fünf Mal, oder dass er ihm *ein Mal* in der Woche sagen kann, was er am anderen schätzt, aber nicht täglich.

Susann spürte angesichts von Georgs Wünschen deutlich ihre Grenzen. Sie hätte als Kompromiss den vollen Verzicht auf Berufstätigkeit nicht leisten können. Das wäre ein fauler Kompromiss gewesen. Aber sie hätte sie reduzieren können und wäre Georg damit ein Stück entgegengekommen. Und sein Verzicht hätte darin gelegen zu akzeptieren, dass er sie nicht den ganzen Tag neben sich haben kann.

Den Stern wiederfinden

Anregungen zum Nachdenken und gemeinsamen Reflektieren können hierzu folgende sein:

- Machen Sie sich klar, dass eigene Wünsche manchmal so dringlich und übersteigert sind, dass sie den anderen überfordern. Unsere Sehnsüchte können für den Partner dann sogar eine echte Zumutung sein.
- Suchen Sie nach dem Ursprung drängender Wünsche in Ihrer Biografie. Hier können folgende Fragen helfen:
  Was hätte ich mir in meiner Kindheit so sehr gewünscht, konnte mir aber von meinen Eltern oder Geschwistern (aus heute nachvollziehbaren Gründen) nicht gegeben werden? Dies kann zum Beispiel sein: gesehen werden, gehört werden, faul sein dürfen, erfolgreich sein dürfen, es mir gut gehen lassen dürfen.
  Welches damit verbundene existenzielle Bedürfnis ist dadurch bei mir unterversorgt geblieben? Dies kann zum Beispiel sein: »O. K.« zu sein, so wie ich bin, dazuzugehören, einzigartig sein zu dürfen, anders sein zu dürfen, als von mir erwartet wird, etc.
- Überlegen Sie, welche konkrete Situation Sie Ihrem Partner schildern können, um ihm ein tieferes Verstehen Ihres Bedürfnisses zu ermöglichen und ihm emotional nahezubringen, dass Sie dieses nicht so einfach aufgeben können, auch wenn es ihm weniger bedeutungsvoll erscheint.
- Suchen Sie nach Möglichkeiten, wie Sie Ihrem Partner

ohne Vorwurf oder Anklage vermitteln können, welch emotionale Not er bei Ihnen auslöst, wenn er ahnungslos über Ihre Wünsche hinweggeht.

- Denken Sie darüber nach, wie Sie sich selbst gegenüber im Alltag fürsorglich sein und damit den Partner von der Verantwortung entlasten können, für die Erfüllung dieser Kindheitswünsche zuständig zu sein.

Konkrete Tipps aus der Sternwarte

- Lernen Sie Ihre eigene Geschichte kennen
  Kommen Sie unter professioneller Anleitung der eigenen Herkunftsfamiliengeschichte und damit verbundenen unerfüllten Bedürfnissen aus der Kindheit auf die Spur. Dann können diese die aktuelle Partnerschaft nicht mehr übermäßig belasten. Es kann auch die Teilnahme an einer Selbsterfahrungsgruppe oder an einem Seminar sein, worin professionell ausgebildete Leiter und Leiterinnen das Thema »Herkunftsgeschichte« mit Ihnen beleuchten. Denken Sie nicht, »das ist doch alles Schnee von gestern und längst vorbei«. Es ist und bleibt eine Quelle, aus der sich viele Antworten ergeben für Fragen, die mit Ihrer jetzigen Beziehungsgestaltung zu tun haben.
  In der Beschäftigung mit der eigenen Lebensgeschichte treten Aspekte ins Bewusstsein, die in der Vergangenheit oft der Verdrängung zum Opfer fielen, die aber immer noch in gegenwärtige Verhaltensmuster hineinwirken und zudem auf unsere Partner Funktionen übertragen, die ihnen auf Dauer nicht guttun.
- Jeder hat seine Geschichte: Pflegen Sie den Austausch
  Anstatt »Wohlfühlglück« zu zelebrieren, indem Sie freie Zeit ausschließlich für unterschiedliche Arten von Konsum nutzen (Sauna, Essen, Filmeabende), entscheiden Sie

sich mutig für echte Begegnung. »Begegnungsglück« entsteht durch intensiven, emotional-persönlichen, innigen Kontakt. Erzählen Sie sich gegenseitig von der eigenen Geschichte. Planen Sie einen oder mehrere Erzählabende dafür ein, mit Kerzenlicht in gemütlicher Atmosphäre oder an einem Ort der Stille, beim Waldspaziergang oder auf einer einsamen Wiese unter schattigen Bäumen. Etwas Struktur im Gespräch ist hilfreich: Einer spricht, der andere hört zu und stellt lediglich neugierige und interessierte Fragen. Dann wechseln Sie die Rollen. Erzählen Sie kleine Episoden, etwas, was Ihnen zu früher einfällt. Sie können dabei von folgenden Fragen ausgehen:

Wie war es eigentlich damals für mich als Kind daheim?

Wo war ich am liebsten und mit wem teilte ich gerne meine Erfahrungen?

Wer oder was bedeutete mir viel?

Was hätte ich so gerne einmal erlebt, welchen Satz hätte ich so gerne einmal gehört?

Wie wäre es gewesen, wenn es dieses oder jenes Ereignis nicht gegeben hätte?

Was hätte ich mir sehnlich gewünscht?

Was davon ist heute immer noch als Sehnsucht geblieben und wo taucht es in der Beziehung zu dir auf?

Was war gut und wofür fühle ich heute noch Dankbarkeit?

Was davon ist heute eine Ressource für mich und steht mir immer noch als Fähigkeit zur Verfügung?

Wie erlebst du mich in dieser Hinsicht?

Ein anderer Weg, den wechselseitigen Austausch über inneres Erleben anzuregen, ist dieser: Nehmen sie einen großen Malblock und Stifte. Malen Sie ein Bild mit dem Titel: »Wie ich mich als Kind gefühlt habe«. Jeder malt für sich und die Bilder bleiben zunächst zugedeckt. Verabreden sie sich zu einer kleinen Vernissage: Stellen Sie sich die Bilder wechselseitig vor und erzählen Sie ihrem Partner etwas über sich und wie Sie sich damals als kleines Mädchen oder kleiner Junge in Ihrer Herkunftsfamilie gefühlt haben.

- Verhandeln macht Spaß!

  Versuchen Sie, unterschiedliche Erwartungen oder Wünsche in fairen Kompromissen auszuhandeln. Das könnte folgendermaßen geschehen: Jeder schreibt seinen momentan dringlichsten Wunsch so konkret wie möglich in Stichworten auf einen Zettel. Konkret bedeutet verhaltensbezogen. Anstatt allgemein zu sagen: »Ich möchte mehr Nähe«, hieße das konkret: »Ich möchte gerne ein Mal am Tag mit dir eine Viertelstunde Tee trinken oder einen Anruf von dir ins Büro erhalten, mit liebevollen Worten wie ›Ich denke gerade an Dich, ich freue mich auf unser freies Wochenende, da möchte ich mit dir schwimmen gehen‹, eine innige Umarmung im Trubel des Alltags, eine freundliche Rückmeldung wie ›Ich bin dir so dankbar, dass du hier immer so wunderbar Ordnung schaffst, obwohl ich dir darin so wenig eine Hilfe bin‹.« Andere konkrete Wünsche könnten lauten: »Bitte vereinbare mit mir nur Zeiten des Heimkommens, die du auch einhalten kannst«, anstatt allgemeiner Aussagen wie »Ich möchte mehr Sicherheit spüren«. Oder Sie sagen: »Bitte räume den Tisch vollständig ab und nicht zur Hälfte«, anstatt allgemein zu äußern »Bitte respektiere mehr unseren gemeinsamen Lebensraum«.

  Dann folgt Verständnissicherung, indem der Partner den gehörten Wunsch zunächst mit eigenen Worten wiederholt und der andere prüft, ob er richtig verstanden worden ist. Hier kann es oft zu erstaunlichen Verdrehungen und Fehlinterpretationen kommen. Schließlich kann jeder dem anderen eine Zusage dahingehend machen, was von dem Gewünschten er für die Zukunft zusagen kann und was eben nicht. Beide Partner kommen hierbei einander auch ein Stück entgegen. Erst dann ist die Verhandlung erfolgreich und der Kompromiss ein echter und kein fauler. Besser ich sichere nur das dem anderen zu, was ich verlässlich einhalten kann. Ein zu großes Zugeständnis zu machen, was ich auf Dauer nicht halten kann, lässt den scheinbar zurückgewonnenen Stern alsbald wieder seinen Glanz verlieren. Also lieber die Latte tieferlegen und das Ziel sicher erreichen: »Ich kann es dir drei Mal pro Woche zusichern, pünktlich um 19 Uhr zu Hause zu sein, aber nicht täglich.«

- Zeigen Sie sich gegenseitig Dankbarkeit
  Schreiben Sie auf, wofür Sie Ihrem Partner in der bisherigen gemeinsamen Zeit oder in der nahen Vergangenheit dankbar sind, und lesen Sie ihm dies dann vor. Dies kann auch wechselseitig geschehen und wie ein kleines Ritual am Ende der Woche seinen festen Platz bekommen. Wenn Sie das Geschriebene auf ein ansprechend gestaltetes Papier übertragen, können Sie es Ihrem Partner auch schenken. Zum Nachlesen, falls es wieder in Vergessenheit geraten sollte.
- Erkennen Sie Grenzen an
  Tauschen Sie sich darüber aus und gehen sie liebevoll damit um, wenn einer dem anderen zu viel wird. Grenzen gehören nun einmal zur Würde einer Person dazu und dürfen sein. Ihre Liebesgefühle bleiben zudem länger erhalten, wenn Sie in Alltagssituationen keine Zugeständnisse machen, die eigentlich zu groß sind. Stellen Sie ein Mal im Quartal eine geeignete Gesprächsatmosphäre her und teilen Sie Ihrem Partner mit, wo Sie sich überfordert fühlen und nicht weiterhin für ihn da sein können.
  Beispiele hierfür: »Ich merke, dass es mich überfordert, wenn du täglich mit mir zusammen sein willst. Ich brau-

che auch Zeiten für mich allein.« Oder: »Ich merke, dass es mir zu viel wird, wenn du täglich über deinen Chef nörgelst. Ich kann für dich Gesprächspartner sein, wenn du auch Positives aus der Arbeit berichtest.« Oder: »Mir wird es zu viel, wenn du jedes Wochenende Verabredungen mit Freunden machst, ich möchte auch Zeit für uns zu zweit einplanen.«

Damit also aus der Leitidee »Du musst mich so nehmen, wie ich bin« auch dauerhaft ein Leitstern für die Liebe werden kann, muss er ergänzt werden:
durch die Bereitschaft sich mit der eigenen Geschichte zu befassen,
dadurch, Abschiede von Mangelzuständen aus der Kindheit zu vollziehen,
dadurch, Kompromisse zu bilden, die für beide Partner lebbar sind,
durch Loslassen von irrationalen Erwartungen an Wandlungen des Partners und
durch Anerkennen der Grenzen des anderen sowie der eigenen.

Anzuerkennen, was ist, und dankbar zu sein für das, was wir *gut* miteinander teilen können, bringt den Liebesstern am Firmament immer wieder zum Leuchten.

2

»Bei uns geht es gerecht zu«

Paare, die diesem Leitstern folgen, führen ihre Beziehung nach dieser Leitidee: Du musst das Gleiche können, leisten und zahlen wie ich. Mein Käsekuchen von vorgestern wird gegen deinen Nusskuchen von heute aufgerechnet, getrennte Kassen, eigenes Bett, eigenes Konto. Heiraten kommt für mich nicht infrage, oder erst sehr viel später.

Partner mit dieser Leitidee bevorzugen die Unabhängigkeit und Autonomie und empfinden es als fair und partnerschaftlich, wenn keiner von beiden mehr gibt oder mehr nimmt.

Solchen Paaren fehlt es neben der die Liebe bereichernden Großzügigkeit oft an Verbindlichkeit und Gemeinschaftssinn, was dazu führt, dass ihnen irgendwann das Wir-Gefühl verloren geht. Dieses drückt sich gerade darin aus, zusammenzutun, was jeder geben kann, auch wenn es ungleich sein mag, und nicht ständig gegenzurechnen.

Die Geschichte

Peter und Ina sind ein Paar Mitte 30, das sich im Studium kennenlernte. Beide waren schon früh aus den Elternhäusern entflohen: Ina, weil ihr Vater Alkoholiker war und weil sie die abhängige und ohnmächtige Mutter genauso wenig ertragen konnte wie ihren Vater. Peter, weil er das sechste von sieben Kindern war und ohnehin das Gefühl hatte, seinen Eltern zur Last zu fallen. Beide fanden sich in erster

Linie dadurch attraktiv, dass jeder so selbstständig sein Leben führen konnte, bereits früh auf eigenen Beinen stand und für sein Alter viel reifer und weniger kindlich wirkte als all die anderen in ihrem Semester. Auch war es für beide erleichternd, festzustellen, dass keiner befürchten musste, der andere könne sich zu sehr auf ihn verlassen oder sich schlimmstenfalls für ihn zuständig fühlen. Denn davon hatten sie aufgrund ihrer Geschichte wirklich genug. Auch in der ganz verliebten Anfangsphase trafen sie sich eher mit zwei- bis dreitägigen, manchmal sogar wöchentlichen Abständen, legten Wert auf eigene Freundeskreise, eigene Wohnunterkünfte, eigenes Geld. Letzteres war immer knapp und musste von beiden mühsam verdient werden: Ina arbeitete neben dem Studium oftmals bis tief in die Nacht in einer Gaststätte; Peter hatte Ferienjobs als Lastwagenfahrer und trug früh morgens um vier Uhr die Zeitung aus. Er pflegte auch regelmäßig eine alte Dame und lebte sehr sparsam und bescheiden. Das hatte er ja schon zu Hause gelernt.

Wenn sie im Urlaub waren, wurde exakt ausgerechnet, was wer wann ausgegeben hatte, und beide fanden es gerecht, wenn jede Ausgabe mit einer anderen verrechnet wurde. Wenn sie kochte, sollte er danach spülen, und umgekehrt. Wenn sie das Zelt aufbaute, sollte er dafür einkaufen etc.

Da sie darauf peinlich genau achteten, wurde das Rechnen und Gegenrechnen unbemerkt zum täglichen Inhalt ihrer Kommunikation. Meist fing Ina damit an, Peter aufzuzählen, was er ihr noch »schuldete«. Teils scherzhaft, teils ernst, aber dennoch mit ausnahmsloser Regelmäßigkeit. So wurde der Käsekuchen von gestern mit dem Nusshörnchen von heute aufgerechnet oder die Pizza vom Mittag mit der Kinokarte am Abend. Ihre Freunde scherzten nicht selten darüber, dass Peter und Ina mehr miteinander rechneten, als dass sie sich küssten, aber das ignorierten sie, denn sie waren sich einig und empfanden es sogar als Glück, dass es bei ihnen gerecht zuging. Keiner hatte ein Nachsehen und beide fühlten sich jederzeit selbstständig und unabhängig. Das war nach ihren genau gegenteiligen und leidvollen Erfahrungen im Elternhaus ein positiver, gemeinsamer Nenner, der sie verband.

Nach dem Studium erhielt Peter eine gute Position in einem großen Autokonzern. Die Karriereleiter stolperte er fast nach oben, da er mit seiner diplomatischen und korrekten Art gutes Feedback bekam. Mit 34 war er nicht nur Führungskraft, sondern auch Betriebsratsmitglied und verdiente für seine Verhältnisse richtig viel Geld, das er eifrig sparte. Aufgrund seines unermüdlichen Einsatzes und seiner Ausdauer gewann er unter seinen Kollegen und Vorgesetzten bald hohes Ansehen.

Mit Ina ging es nicht ganz so erfolgreich weiter. Sie war mit ihrem Pädagogikstudium fertig, hatte aber zunächst keine Stelle in Aussicht – zumindest nicht in der gleichen Stadt wie Peter. Sie versuchte ihr Glück in verschiedenen Einrichtungen und sammelte einige wertvolle praktische Erfahrungen, bedauerlicherweise aber für schlechten Lohn.

Ina sehnte sich angesichts ihrer wechselhaften Berufslaufbahn nach mehr Verbindlichkeit in der Beziehung und wollte Peter gerne näher bei sich haben. Sie träumte immer öfter von Dingen, die ihr bisher nicht wichtig waren: eine gemeinsame Wohnung, Familiengründung, ein gemeinsames Leben.

Ina traute sich lange nicht, diese Wünsche bei Peter anzusprechen. Sie wusste, dass er seine Unabhängigkeit liebte. Schließlich aber, an einem ihrer letzten Urlaubstage in der Toskana, als sie sich gemütlich bei Kerzenschein und Barolo lange und gut unterhalten und die etwas schwieriger gewordene Rechnerei auch beendet hatten (die Budgets waren jetzt sehr unterschiedlich), fragte sie Peter, ob er mit ihr leben wolle. Es brauchte lange, bis er schließlich antwortete: »Ja, gern, aber jetzt noch nicht, erst will ich das neue Projekt hinter mich bringen.« Es vergingen noch eineinhalb Jahre, bis Peter sich endlich durchrang, und es dauerte auch deshalb so lange, weil sie sich nicht einig wurden, welche Wohnung die günstige und passende sei. Die Überlegungen umfassten die Quadratmeter, die Aufteilung der Zimmer, wer wie viel Platz, wie viel Sonne und wie viel Dachschräge zugeteilt bekam. Zahlreiche Gespräche vergingen, bis sie sich einig waren, wo die Wohnung liegen sollte. Peter wollte einen kurzen Arbeitsweg, Ina wollte eher in Zentrumsnähe wohnen, denn sie hatte mehrere Jobs in verschiedenen Einrichtungen. Nach den langen Gesprächen fühlten sie sich oft ganz erschöpft. Das ständige Aufpassen, dass es auch immer gerecht zuging, kostete Kraft, am Ende sogar Liebeskraft. Ina verlor schneller die Geduld, hatte sie mit ihrem Wunsch nach mehr Gemeinsamkeit doch ohnehin schon so lange innerlich gehofft und gewartet. Sie fand Peter in seiner Kleinlichkeit plötzlich albern und warf ihm vor, er liebe sie nicht genügend für ein Leben zu zweit, weil er so ausweichend war. Schließlich hielt sie ihm ja den Rücken frei, da sie bei der Wohnungssuche viel mehr an Zeit und Aufwand investierte und sich immer seine langatmigen Geschichten aus dem Job angehört und ihm beratend Beistand geleistet hatte.

Schließlich zogen sie in eine Wohnung, die genau auf halbem Weg zur Firma von Peter und zur Innenstadt lag. Obwohl Ina immer noch wenig verdiente, teilten sie Miete und Nebenkosten exakt und richteten eine Haushaltskasse ein, in die jeder regelmäßig einzahlte. Die Streitereien nahmen zu, weil Peter sich nun mehr gönnte, den besseren Wein, die teuren Fischfilets, das lederne Sofa, einen Mittelklassewagen, den Ina nur gegen Benzinauffüllung und Abnutzungsgebühr fahren durfte.

Ina fühlte sich traurig und wusste oft nicht, warum. Sie gestand sich nur insgeheim ein, dass sie sich nach dem Gefühl sehnte, man ziehe gemeinsam am selben Strang. Eine Stelle war nun in Aussicht, aber nur ein Teilzeitjob. Sie hatte keine Chance, ihrem rasch aufgestiegenen Peter das Wasser zu reichen. Sie wünschte sich eine Heirat und Kinder, doch beides wollte Peter nicht. In nächtlichen Diskussionen versuchte er, ihr klarzumachen, dass er sie auch ohne Trauschein liebe und dass das mit den Kindern doch noch Zeit habe, bis sie eine sichere Stelle hätte. Ina verlor aber langsam und sicher das Vertrauen in ihre Liebe zu Peter. Sie lebten als gut funktionierendes Team nebeneinanderher, rechneten weiterhin alles genau aus, so dass es zwischen ihnen gerecht blieb. Aber es fehlte etwas in ihrer Partnerschaft. Es fehlte die Verbindlichkeit und Großzügigkeit im Nehmen und Geben. Es fehlten das Gefühl der Zusammengehörigkeit und die Sicherheit, auch mal Durststrecken gemeinsam durchzustehen. Beiden fehlte innerlich der Kontakt zum anderen, und beide vermissten vor lauter »Ich« das »Wir«, das Gefühl, gemeinsam durchs Leben zu gehen.

Der gute Stern

Ina und Peter achten auf den Erhalt ihrer Autonomie in der Paarbeziehung, und damit tun sie durchaus etwas Kluges. Wertvoll daran ist, dass sie Individuen bleiben und damit füreinander interessant und anziehend sind. Sie haben aus ihrer Lerngeschichte eine erhöhte Aufmerksamkeit an der Stelle, wo Abhängigkeit zur Last und die Entfaltung der eigenen Persönlichkeit begrenzt werden könnte. Deshalb ist es durchaus verständlich und sinnvoll, dass sie einander viele Jahre nichts schuldig bleiben. Keine Abhängigkeit voneinander wird zum Hauptgrund für ihr Zusammenbleiben. Die Beziehung ist immer frei, immer offen, immer spannend, immer fast wie am Anfang ihrer Liebe. Keiner kann sich des anderen zu sicher sein. Beide fühlen ihre Liebe in Freiheit und im gegenseitigen Respekt ihrer unterschiedlichen Persönlichkeiten. Dies nährt eine Beziehung auch auf Dauer und beide Partner fühlen sich darin lange recht wohl.

Wenn der Stern vom Himmel fällt

Bei Ina und Peter ist es dennoch anders gekommen, weil sie vor lauter Sorge, dass es bei ihnen gerecht zugehen möge, übersehen, dass sie einem anderen tiefen Wunsch, dem nach innerer Bindung und Verbindlichkeit, zu wenig Beachtung schenken. Auch änderte sich mit dem Fortschreiten der beruflichen und persönlichen Entwicklung die Lebenssituation der beiden, so dass die ähnliche Ausgangsbasis verloren ging und das Paar seinen Anspruch auf Gerechtigkeit nicht mehr so leicht verwirklichen konnte wie zu Studienzeiten, als beide materiell wenig hatten.

Schließlich sind das Bedürfnis nach Autonomie und das nach Bindung gleichermaßen menschliche Grundbedürfnisse, was sich nicht einfach übergehen lässt. Nur leider verteilte sich beides in der Paarbeziehung von Ina und Peter einseitig und schaukelte sich aneinander hoch: Je mehr Ina nach Bindung suchte, desto mehr vertrat Peter den Pol der Autonomie. Und je mehr Peter die Autonomie und Unverbindlichkeit betonte, desto mehr bewegte Ina sich zum Pol der Bindung und fragte nach gemeinsamen Lebensplänen. Beide fixierten sich auf jeweils einen Pol und rückten dadurch unmerklich auseinander, auch wenn in Inas Natur immer auch noch der Freiheitsdrang und in Peters Persönlichkeit durchaus auch der Bindungswunsch vorhanden war. Da aber der andere diesen Part schon so leidenschaftlich lebte, musste das Gegenteil überstark betont werden. Dadurch entstand zusätzliche Distanz. Das gegenseitige Aufrechnen wurde zur vorherrschenden Handlung, hinter der die Sehnsucht nach Bindung auf der Strecke blieb. Die Zweifel, ob der eine dem anderen wirklich wichtig ist, ließen sich irgendwann nicht mehr verleugnen.

Unterschiede als Machtfaktor

Hinzu kommt, dass Peter mit seiner beruflich gesicherten Position gegenüber Ina einen Machtzuwachs erfuhr. Seine Ressourcen in Bezug auf Geld und beruflichem Status lagen nun deutlich über denen von Ina. Er bedrängte sie häufiger, einen ähnlichen Beitrag zur Existenzsicherung zu leisten. Dies schlug jedes Mal eine tiefere Kerbe in ihre Liebesgefühle.

Von den Unterschieden konnten sie nicht als Partner beide profitieren, sondern sie wurden zum Bestandteil eines schmerzvollen Machtkampfes.

Wie unser Stern auch in Zukunft leuchten kann

Es ist wohltuend und von daher sinnvoll, wenn Paare mit diesem Leitstern im Groben darauf achten, dass jeder mit seinem Wunsch nach gerechter Aufteilung von Ressourcen wie Geld, Zeit, Wohnraum, beruflicher Verwirklichung, Hobbys etc. einen fairen Umgang erfährt. Studien bestätigen übrigens auch, dass ähnlicher sozialer Status Paare auf Dauer das Zusammenleben erleichtern. Autonomie in der Beziehung ist dennoch wichtig. In einer Zeit, in welcher viele Frauen es als selbstverständlich betrachten, vom Partner wirtschaftlich weitgehend unabhängig zu sein, spielen das eigene autonome Entwicklungsfeld gepaart mit gerechter Aufteilung der Paarressourcen sowie ein ebenbürtiges

Familienmodell eine wichtigere Rolle als in vorherigen Generationen. Nicht selten hängt davon sogar ab, ob junge Paare heute überhaupt zu einer festeren Bindung bereit sind.

Faires Verhandeln ist bei diesen Paaren unerlässlich. Das betrifft folgende Bereiche: Urlaubspläne, Beruf und Karriere, die Wahl des Wohnortes, die alltägliche Lebensorganisation und die Familienplanung. Sie werden im Folgenden genauer ausgeführt.

Urlaubspläne

Paare, die in einer ähnlichen Situation wie Ina und Peter sind, können beschließen, einmal einen teureren Urlaub zu machen, weil der besser verdienende Mann (meistens ist es er, aber nicht immer) gerne luxuriöser und komfortabler genießen möchte. Dafür übernimmt er dann auch den größeren Rechnungsbetrag, den diese Reise mit sich bringt. Damit aber die Frau nicht zu sehr in eine Nehmschuld rutscht, gibt es zum Ausgleich dafür dann einen kostengünstigeren Urlaub, den sie organisiert. Das kann auf andere Weise interessant und erholsam sein, eben weil es oft abenteuerlicher und anregender ist. Also kommen im Urlaubsrepertoire eines solchen Paares sowohl genussvolles Wellness-Hotel als auch spannender Wanderurlaub mit einfacher Unterkunft vor. So gerät keiner in die Defensive, beide anerkennen die Unterschiede (hier: im Verdienst) und kommen dem anderen ein Stück entgegen. Es wird aber nicht auf Heller und Pfennig ausgerechnet und halbiert.

Beruf und Karriere

Ein weiteres Beispiel für die Lösung des gerechten Nebeneinanders betrifft die berufliche Entwicklung der Partner: Ausbildungszeiten werden nacheinander mit gegenseitiger Unterstützung durchgestanden. Erst ist er dran, dann sie, oder umgekehrt. Er kann zum Beispiel im Hintergrund für Haus und Kind zuständig sein, während sie Karriere macht, oder sie kann ihm das Studium finanzieren, danach verdient er das Geld und ermöglicht ihre Zusatzausbildung.

Hier wird die Paarbeziehung dadurch gerecht, dass über eine längere Zeit der eine dem anderen den Rücken freihält und sich zurücknimmt, bis diese Phase geschafft ist. Zum Ausgleich gebe ich dem anderen dann eine Chance. So fällt das tägliche Aufrechnen weg, da der Ausgleich sich erst über Jahre hinweg zeigt. Das Paar zieht an einem Strang und fühlt sich verbunden, gestützt und zugleich jeweils autonom, weil keiner zu kurz kommt. Die unterschiedlichen Ressourcen werden nicht als Machtmittel missbraucht und nicht als Vorwurf gegen den anderen verwendet, sondern dienen beiden Partnern.

Die Wahl des Wohnorts

Es gibt auch Paare, die auf diese Weise hinsichtlich des Wohnorts einen Ausgleich schaffen. Als Beispiel kann hier ein Paar dienen, das ich persönlich kenne: Als gebürtige Neuseeländerin kam sie zunächst nach Deutschland und folgte damit ihrem deutschen Mann, den sie auf einer Weltreise kennengelernt hatte. Sie bekamen zwei Kinder und lebten für einige Jahre in Deutschland, was ein großes Zugeständnis seitens der Frau war, denn sie musste sich sowohl an das kühlere Klima als auch an die deutsche Mentalität und Sprache gewöhnen. Für den Mann aber war es eine wichtige und unterstützende Geste, denn er konnte sein Medizinstudium und seine Facharztprüfung zu Ende führen. Danach wanderten sie nach Neuseeland aus, wo er heute Leiter einer Klinik ist. Dafür hatte er noch einige medizinische Prüfungen abzulegen, was er aber ihr zuliebe und für das Ziel eines gemeinsamen Lebens in »ihrem« Land gern investierte. Im Alter werden sie sowohl in Deutschland als auch in Neuseeland leben, so ist ihr Plan. Ähnlich ließen sich unterschiedliche Bedürfnisse hinsichtlich des Wohnorts auch innerhalb eines Landes lösen, bezogen auf verschiedene Regionen.

Die alltägliche Lebensorganisation

In der täglichen Lebensorganisation empfiehlt es sich, alles zusammenzutun und sich tägliche Rechnereien damit zu ersparen. Sie belasten die Atmosphäre und absorbieren das ohnehin knappe gemeinsame Zeitkontingent. Das geht meist auf Kosten der Qualität der Kommunikation und damit auf Kosten der Liebe und der Lust.

Größere Anschaffungen sollten in Ruhe gemeinsam entschieden werden. »Ab 200 Euro besprechen wir eine Anschaffung gemeinsam.« Bei ungleichen Ideen wird mit dem Ziel gesunder Kompromisse verhandelt. Wenn er ein neues Klavier anschaffen möchte, was sie für unnötig erachtet, dann kann er als Kompromiss anbieten, sich um eine günstige Reparatur des alten Klaviers zu kümmern. Wenn es mal keine spontane Einigung gibt, dann kann der Ausgleich auch über die Zeit geschehen. Nach dem Motto: Erst konntest du deinen Wunsch durchsetzen, jetzt bin ich mit meinem dran. Beim letzten Wochenende folgten wir deinem Vorschlag und sind zu der Kunstausstellung gefahren (die ich eigentlich langweilig finde), und dieses Wochenende darf ich entscheiden und wir gehen in das neue Tanztheaterstück. Oft geht es mehr um Gefühle und Wertvorstellungen als ums liebe Geld. Es ist wichtiger, *wie* das Thema behandelt wird und ob jeweils beide Akteure Gelegenheit zur Mitsprache haben. Das Grundbedürfnis nach Selbstbestimmung und die Sicherheit, einbezogen zu werden, vermitteln das gute Gefühl und machen dann auch den Umgang mit größeren Unterschieden problemlos möglich.

Familienplanung

Besonders häufig gibt es hier Unterschiede bei Partnern, bei denen einer bereits Kinder aus einer vorhergehenden Beziehung hat und die andere nicht. Hier kann ein gerechtes Nebeneinander so aussehen, dass sie die Kinder ihres Partners aus erster Ehe mit großzieht. Als Gegenleistung akzeptiert er den Wunsch seiner Partnerin nach einem gemeinsamen Kind, auch wenn das Kinderthema für ihn eigentlich beendet ist. Falls eine solche Lösung für ihn absolut nicht (mehr) denkbar ist, und manchmal ist es auch für sie »zu spät«, unterstützt er ihr Engagement in einem gemeinsamen Projekt, wie zum Beispiel den Aufbau einer Kinderkrippe oder ähnliche Projekte, in denen »Mütterlichkeit« und der Wunsch, Entwicklung zu begleiten, im übertragenen Sinn vom Paar verwirklicht werden kann. Das sogenannte »Dritte« in der Beziehung findet auf diese Weise Platz, auch wenn es keine Kinder sind.

Ein wichtiger Effekt für beide Partner ist, dass gemeinsame Energie in etwas hineinfließt und von dort etwas zurückkommt. Das Engagement des Partners, der keine Kinder mehr will, kann damit etwas Wichtiges geben und belastende Effekte des Ungleichgewichts mindern.

Den Stern wiederfinden

Anregungen zum Nachdenken und gemeinsamen Reflektieren können sein:

- Das Thema Unterschiede zu enttabuisieren und darüber in entspannter Haltung die jeweiligen Positionen zu besprechen kann eine unverkrampfte Atmosphäre erzeugen. Tauschen Sie sich mit Ihrem Partner darüber aus, welche Unterschiede Ihnen Mühe bereiten. Teilen Sie einander mit, wie in Ihrer Herkunftsfamilie mit Geld umgegangen wurde, wie Ihre Eltern bei unterschiedlichen Bedürfnissen und Möglichkeiten hinsichtlich Urlaub, Karriere, Familienplanung und in der alltäglichen Lebensorganisation Lösungen gefunden haben. Was davon hat Sie geprägt? Vielleicht entdecken Sie dabei interessante Hinweise wie die, dass beim einen immer strikt gespart wurde und beim anderen ein recht großzügiger Lebensstil vorherrschte. Vielleicht hatte einer selbst verdientes Geld und der andere war immer abhängig vom Elternhaus. Solche Aspekte voneinander zu kennen erleichtert die Absprachen für den gemeinsamen Alltag. Dann ist es leichter nachzuvollziehen, dass der andere ein eigenes Konto haben oder bei größeren Ausgaben gefragt werden möchte.

- Es gibt kein Patentrezept, wie man mit unterschiedlichem Einkommen am besten umgeht. Aber eins ist sicher wichtig: Paaren sei empfohlen, das unangenehme Geldthema trotz Widerwillens offen und mit genügend Zeit und Ruhe zu besprechen. Es lohnt sich, dabei sehr aufrichtig zu sein und sich und dem Partner ehrlich einzugestehen, wo etwas ungerecht verteilt scheint. Es hilft, wenn die Partner Ausdauer für diese Gespräche mitbringen und sich für ein Ergebnis einsetzen, welches für beide Seiten einen guten Kompromiss beinhaltet.

  »Du verdienst mehr als ich, dafür halte ich dir den Rücken frei und nehme mehr Aufgaben hinsichtlich der Kinder wahr.« Beides ist ein Beitrag, um das Leben zu ermöglichen, so wie es momentan beiden möglich ist. Beide Partner leisten hierfür das, was jeweils jeder gut kann. Wenn auch beides von beiden Partnern anerkannt wird, können Unterschiede zu gemeinsamen Ressourcen werden.

  Dabei ist es wichtig, den Lebensentwurf von Zeit zu Zeit einer erneuten Prüfung zu unterziehen. Vielleicht hat sich etwas Wesentliches im Leben des Paares verändert oder einer von beiden kann die Zugeständnisse von damals nicht mehr aufrechterhalten und eine neue Regelung wird nötig, wie zum Beispiel: »Bisher war es in Ordnung für mich, mehr zu Hause zu bleiben als du, jetzt sind die Kinder größer und ich möchte in meinen Beruf neu durchstarten.«

- Bringen Sie Geben und Nehmen in Ausgleich
Sprechen Sie auch an, was Sie in Ihrem Paarleben als ausgeglichen und stimmig in der Verteilung empfinden und wo im Laufe der Zeit Einseitigkeiten und Schieflagen entstanden sind. Überlegen Sie, wie Sie diese auch über eine längere Zeit hinweg ausgleichen können. »Da ich die letzten drei Monate so wenig zu Hause war und das Projekt zu Ende bringen wollte, lade ich dich für ein verlängertes Wochenende auf eine Skihütte ein und wir gönnen uns dort eine besondere Zeit zu zweit.« Oder: »Da ich dank deiner Hilfe meine Abschlussarbeit schreiben konnte, übernehme ich jetzt in nächster Zeit die Kinderversorgung an zwei Nachmittagen, damit du wieder mehr deinen Sport treiben kannst.«
Bedenken Sie: Gerechtigkeit setzt Liebe nicht in Gang.
Wenn Sie aus Liebe geben und nicht, um Zurückzubekommen, wenn Sie für Ausgleich sorgen, ohne Anspruch auf eine korrekte und immer gerechte Aufteilung zu erheben, wenn Sie danken für das, was der andere einbringt, statt gegeneinander aufzurechnen, wenn Sie auf die Zeit setzen, die im Großen und Ganzen immer Chancen des Ausgleichs bietet, und sich auch aktiv um Ausgleich bemühen, dann schützen Sie Ihren Liebesstern und erhalten die Achtung und den Respekt für die Unterschiedlichkeit und Einzigartigkeit, die Sie beide – zum Glück – besitzen und miteinander teilen können.

Konkrete Tipps aus der Sternwarte

- Praktizieren Sie Großzügigkeit im Alltag. Laden Sie sich gegenseitig ein, anstatt jedes Mal die Rechnung zu halbieren. Das schafft mehr Wir-Gefühl und innere Verbundenheit als kleinkrämerische Rechnerei.
- Bei unterschiedlichem Vermögen seien Sie dankbar und erkennen Sie an, dass Ihnen Ihr Partner durch diesen Umstand ein finanziell gesichertes Leben ermöglicht. Der Vermögende unterlässt etwaige Vorwürfe, die in die Richtung gehen, dass der andere nur wenig oder gar nichts eingebracht hat.
- Eine elegante Variante der Finanzverteilung im Alltagsleben des Paares ist das Drei-Konten-Modell. Von einem »WIR«-Konto, auf das sämtliche Einnahmen fließen, gehen alle Ausgaben ab. Was übrig bleibt, wird halbiert (oder prozentual aufgeteilt) und monatlich als »Taschengeld« auf das eigene Konto jedes Partners überwiesen. Darüber kann jeder frei verfügen. Damit erhält das gemeinsame Leben und die Freude daran, miteinander zu teilen, was jeder einbringt und einbringen kann, seine besondere Tiefe. »Weil wir uns lieben, weil wir miteinander unser Leben verbringen möchten, werfen wir alles in einen Topf, unsere Zeit, unsere Kraft, unsere Fürsorge für die Kinder – und unsere Möglichkeiten, Geld zu verdienen.«
- Für manche Paare ist immer noch das Prinzip der gemeinsamen Haushaltskasse angemessen, denn es beruhigt die Nerven derer, die ständig meinen, zu viel oder zu wenig zu bezahlen, und stärkt ebenfalls das Wir-Gefühl. Eigenes Geld zu haben ist für manche sehr bedeutsam und nicht nur nützlich, denn es stärkt das Gefühl der Unabhängigkeit. Die komplette Trennung auf allen Konten und ständige Aufrechnung verhindert jedoch auf Dauer, dass sich das Gefühl von Gemeinsamkeit einstellt.

- Unterscheiden Sie zwischen *Liebescode* und *Partnerschaftscode*. Der Liebescode funktioniert nach dem Prinzip: »Ich gebe, weil ich liebe.« Der Partnerschaftscode richtet sich danach: »Ich gebe und will Gleichwertiges zurück.« Agiere ich im Liebescode, ist mein Gegebenes nicht einklagbar, nicht mit einem Anspruch auf Ausgleich versehen. Ich gehe ein Risiko ein und gebe, obwohl ich keine Garantie auf eine komplette Zurückgabe habe.
  Dies schließt durchaus mit ein, aus gegenseitiger Liebe und Fairness einen Ehevertrag zu vereinbaren, der nach der Trennung beide vor einer zu großen Benachteiligung schützt. (Frauen neigen anscheinend eher dazu, aus »blinder Liebe« alles zu unterschreiben und hinterher das Nachsehen zu haben.)
  Im Partnerschaftscode verfolge ich eine eher zweck- und zielgerichtete, rational begründbare Verbundenheit mit meinem Partner. Bleibt der andere mir etwas schuldig, habe ich einen Anspruch auf Wiedergutmachung und kann diese einfordern.
  Wenn die Leitidee »Bei uns geht es gerecht zu« von diesem eher geschäftlich-partnerschaftlichen Code gestaltet ist, dann wird die Liebe vermutlich früher oder später auf der Strecke bleiben. Wird sie jedoch von einer Haltung gelebt, die dem Liebescode ähnelt, dann kann der Liebesstern auch dauerhaft seine Leuchtkraft bewahren.

3

»Indem ich alles gebe, zeige ich, dass ich dich besonders liebe«, oder: »Du bist da, um mich glücklich zu machen«

Bei Paaren, die dieser Leitidee folgen, begreift sich einer der Partner als verantwortlicher Kümmerer, der den anderen umsorgt, um so alles Leid von ihm abzuhalten, während der andere sein Lebensglück von seinem Partner abhängig macht. Die Rollenverteilung sieht meist folgendermaßen aus: Ich zeige dir meine Liebe, indem ich den Alltag organisiere, für den Lebensunterhalt sorge und immer ein offenes Ohr für alle deine Wünsche und Ängste habe. Ich bin dein Prinz, dein Retter, dein Held, und darin fühle ich meine Existenz als wichtig und eine Legitimation, in dieser Welt zu sein.

Der andere Partner fühlt sich von einem solch starken Gegenüber erlöst und delegiert die Verantwortung für sein Leben ganz an ihn, nach dem Motto: Ohne dich fühle ich mich unsicher, schwach, überfordert oder schutzlos. Ich bewundere dich, dafür musst du mich glücklich machen. Ein hohes Maß an Abhängigkeit hält beide Partner lange zusammen, auch wenn sie dabei unglücklich sind. In solchen Beziehungen geraten Geben und Nehmen in eine Schieflage. Derjenige, der mehr gibt, gerät nach einer gewissen Zeit an seine Grenzen oder bemerkt, dass er ohnehin nie genügt. Zudem werden die persönlichen Grenzen seines partnerschaftlichen Engagements vom anderen Partner nicht anerkannt, worunter nach einiger Zeit das Liebesgefühl leidet. »Würdest du mich wirklich lieben, dann wäre doch das auch noch leistbar!« Es ist das Muster von Ilsebill aus dem Märchen »Vom Fischer und seiner Frau«, die immer neue Erwartungen an ihren Mann richtet, wiederholt unzufrieden ist, dauernd etwas anderes will, wo es kein Ende der Wünsche geben darf, weil sonst die Verantwortung für das Lebensglück dann plötzlich bei ihr selbst läge.

Die Geschichte

Clara lernte Heinrich spät kennen. Sie war Anfang 40 und in vorangegangenen Beziehungen schon vielfach enttäuscht worden. Ihre Mutter, die selbst von ihrem Mann verlassen worden war, hielt nicht viel von Männern. Diese Haltung hatte es für Clara nicht leichter gemacht, einen geeigneten Gegenbeweis zu liefern.

Aber dann begegnete sie auf einer Messe in Berlin Heinrich. Beide waren aus beruflichen Gründen da und kamen durch Zufall ins Gespräch. Clara war sofort von Heinrichs Feingefühl begeistert, und auch von seiner Gabe, ihr zuzuhören. Für sie strahlte er Aufrichtigkeit und Ehrlichkeit gepaart mit Stärke und Selbstbewusstsein aus. Clara war davon überzeugt, dass er von Grund auf verlässlich und souverän sei, und sie verliebte sich sofort in ihn. Ihre Begegnung hinterließ aber auch bei Heinrich Spuren. Die zierliche Clara mit ihren großen braunen Rehaugen hatte so etwas Verletzliches, Zartes. Sein Beschützerinstinkt wurde geweckt, denn richtig wohl fühlte er sich besonders dann, wenn er jemandem durch seine guten Taten und seinen grenzenlosen Optimismus imponieren konnte. Aber Clara hatte auch eine lebenstüchtige Seite. Sie stand voll in ihrem Beruf als Medienfachfrau und wirkte unabhängig und frei. Wie wunderbar, dachte sich Heinrich, denn von völlig hilflosen Frauen hatte er bereits genug.

Seine erste, leider kinderlose Ehe mit Elisabeth lag hinter ihm und er hatte dabei nicht nur emotional, sondern auch finanziell viel erleiden müssen. Elisabeth war aufgrund eines Burn-out-Syndroms arbeitsunfähig geworden und Heinrich hatte lange versucht, ihr aus der Krise herauszuhelfen. So zog sich auch der Trennungsprozess entsprechend lange hin. Heinrich kompensierte den Verlust der Liebe durch berufliches Engagement: Er erweiterte seine Arztpraxis und entwickelte sein Spezialgebiet in Handchirurgie so stark weiter, dass sogar Patienten aus weiter Ferne zu ihm anreisten.

Als er Clara begegnete, hatten beide nicht mehr daran geglaubt, jemals noch den richtigen Partner zu finden. Allen Freunden erzählten sie immer wieder von dem kleinen Wunder, sich gegenseitig gefunden zu haben. Sie waren wie im Taumel, ja griffen geradezu nach dem anderen, als müsse alles Glück auf einmal in ihrem Leben Einzug halten. Die Zeit des Verzichtens hatte schließlich lange genug gedauert. Sie kannten sich erst wenige Wochen und schon ging es mit ihren Plänen flott voran. Innerhalb von nur einem Jahr zogen sie zusammen, heirateten und Clara wurde schwanger. Heinrich setzte alles daran, Clara glücklich zu machen. Er wollte es diesmal ganz besonders gut machen und dachte, wenn er immer auf Claras Bedürfnisse einginge und seine eigenen ganz hintanstellte, dann würde sie glücklich sein und es auch bleiben. Er war trotz großer beruflicher Belastung möglichst viel und oft daheim und unterstützte sie in vielen Kleinigkeiten. Wenn sie zum Arzt musste, rief sie ihn in der Praxis an und er fuhr sie hin. Als sie sich beklagte, dass die Wohnung zu klein sei, mietete er ein großes Haus mit Garten, und als Clara der Haushalt zu viel wurde, was recht schnell der Fall war, stellte er ein Au-pair und eine Putzhilfe ein. Er bezahlte alles, denn ihre berufliche Karriere war mit der Geburt von Paul beendet. Sie war ihren

Job ohnehin ziemlich leid und hatte keine rechte Idee, wie sie weitermachen wollte. Das Kind erlöste sie von dieser lästigen Pflicht. Heinrich war ihr Retter, Prinz und Alleskönner. Sie glücklich zu sehen machte wiederum Heinrich glücklich. Sie überschüttete ihn mit Lob und pries seine guten Taten überall, was er sehr genoss. Er wollte sich und Clara (und der Welt) beweisen, dass er ein guter Ehemann war.

Die Geburt von Paul änderte eine Menge. Er war zwar ihr ersehnter Sprössling, der sich zudem auch gesund und munter entwickelte, aber er brachte Clara oft an die Grenzen ihrer Kraft. Zudem saß sie in ihrem schönen Zuhause an einem Ort, der nicht mehr ihre Heimat war und wo sie weder ihre Familie noch Freunde um sich hatte. Auch fehlte ihr die berufliche Bestätigung, so leidlich sie ihren Job auch ausgeübt hatte. Seit der Geburt machten ihr auch die körperlichen Veränderungen zu schaffen und folglich hatte sie überhaupt keine Lust mehr auf Sex. Heinrich nahm alles mit Verständnis hin, gab ihr Zeit, stellte seine Bedürfnisse nach körperlicher Nähe zurück und überließ es Clara, zu bestimmen, wann und wie die erneute Annäherung stattfinden sollte. Er wartete geduldig ab. Wenn er nach der Arbeit erschöpft nach Hause kam, folgte er zunächst allen Detailberichten des Tages, tröstete Clara, hörte zu, suchte nach Lösungen. Er wollte Clara doch nur glücklich sehen, aber es klappte nicht mehr so gut wie vorher.

Eigene Hobbys hatte er schon lange nicht mehr. Seinem Schlafbedürfnis entsprechend hätte er aus dem Schlafzimmer ausziehen müssen, empfand dies aber als zu egoistisch und war Clara lieber auch nachts eine Unterstützung, so gut er konnte.

Heinrich wurde langsam unglücklich, die Zweisamkeit fehlte ihm, das Teilen von Intimität und Körperlichkeit. Clara hatte sich ihm völlig entzogen, war immer müde, überfordert, erschöpft. Sie waren erst drei Jahre ein Paar und Heinrich fühlte sich leer und ausgepowert. Er wollte professionelle Beratung und Hilfe aufsuchen, aber Clara lehnte ab. Es sei doch alles in Ordnung und er solle doch einfach nur Geduld haben. Eigentlich fehle es ihr an nichts, nur dass er ihretwegen sexuell so unzufrieden sei, mache ihr zu schaffen.

So riss sich Heinrich wieder zusammen und schöpfte neue Hoffnung, als Clara schließlich doch einwilligte und mit ihm zur Eheberatung ging. Dort wiederholte sie immer wieder, dass sie eigentlich die glücklichste Frau der Welt sei, da Heinrich ein so wunderbarer Mann sei, der alles für sie tue und ihr den Glauben an die Liebe zurückgegeben habe. Die Beratung endete mit wenig Erfolg, da Clara selbst nicht wusste, was und wie sie sich ändern wollte. Sie hoffte darauf, dass ihre sexuelle Lust irgendwann wieder zurückkommen würde. Allerdings beschäftige sie, dass er immer so viel für sie tat, denn ihr war durchaus bewusst, dass sie ihm nie auch nur annähernd zurückgeben konnte, was sie von ihm bekommen hatte. Zwischen Clara und Heinrich war eine Atmosphäre der bemühten Freundlichkeit eingetreten. Obwohl Heinrich alles gegeben hatte, verlor er seine Liebe zu ihr.

Der gute Stern

Dem anderen *viel* zu geben ist im Prinzip eine gute, der Partnerschaft dienliche Sache. Darin liegt viel Wertvolles: Wenn ich sehe, dass der andere mir zuliebe eine Bemühung zeigt, dann spüre ich auch, dass ich wichtig für ihn bin. Wenn ich mich meinerseits um den anderen bemühe und er oder sie nimmt es dankbar an, dann spüre ich mich selbst als Gebender potent, als beziehungsfähig und stark. Sich gegenseitig auf diese Weise glücklich zu machen ist von daher eine sinnvolle Methode, um die Liebe zu pflegen und zu erhalten. Voraussetzung ist allerdings, dass Geben und Nehmen zwischen den Partnern auf Dauer auch in einen gewissen Ausgleich kommt. Wo der eine im Sinne von gleichwertigem Zurückgeben nicht mithalten kann, sollte zumindest ein Engagement in dieser Hinsicht für den anderen spürbar werden, auch wenn man nie »quitt« sein wird, Wichtig ist vor allem, dass ich mein Glück im eigenen Leben nicht allein vom Verhalten des anderen abhängig mache, sondern stattdessen lerne, selbst dafür Verantwortung zu übernehmen und mich zu freuen über das, was bereits an Gutem vorhanden ist. Ziel ist es, mir unabhängig vom Verhalten meines Partners ein zufriedenes Leben zu gestalten und mich mit den realen Fakten meiner Lebenswirklichkeit, auch denen, die mir Mühe machen, auszusöhnen.

Wenn der Stern vom Himmel fällt

Am Anfang ihrer Liebe erlebten Clara und Heinrich den siebten Himmel deshalb so intensiv, weil jeder das Grundbedürfnis des anderen perfekt versorgen konnte. Clara sehnte sich nach dem starken, verlässlichen Mann, der ihre Wünsche sensibel wahrnehmen und ernst nehmen konnte (etwas, was sie als Kind in der Figur ihres Vaters so vermisst hatte). Und Heinrich wollte endlich eine Frau glücklich machen können, und zwar mit Erfolg (was ihm bei seiner ersten Ehefrau nicht gelungen war). In dieser perfekten Symbiose hätten beide noch gut eine Weile voneinander profitieren können.

Aber der Verlauf des Lebens ist nicht stabil und nicht immer gleich. Mit dem Wandel vom Paar zur Familie und zugleich einer berufsbedingten Ungleichverteilung von Familien- und Berufsleben verlor Clara ein großes Stück Autonomie. So sehr sie sich das Kind ersehnt hatte, so stark veränderte es doch ihr bisheriges, recht frei gestaltetes Leben. Davon überzeugt, dass Heinrich doch ihr »Glücksritter« sei, erwartete Clara auch in der veränderten Situation von ihm, dass er sie froh und glücklich machen solle. Dieser dagegen geriet nun übermäßig unter Druck, da er an seine Grenzen des Gebens stieß und spürte, dass er Clara nicht alles abnehmen konnte, was das Mutterdasein an Verzicht und Veränderungen mit sich brachte. Er hoffte und setzte auf die Zeit, bis ihr Sohn Paul etwas größer sein würde.

Bis dahin sammelte sich aber eine Menge Verletzungen an, die darin gipfelten, dass Clara sich ihm körperlich völlig entzog. Jetzt waren Geben und Nehmen in ein völliges Ungleichgewicht geraten und Heinrich verlor seine größte Kraftquelle: in allen Nöten Claras Retter sein zu können.

Clara spürte, wie Heinrich mit der Zeit immer unwilliger wurde, und verbuchte seinen beginnenden Rückzug als Liebesentzug und Bestrafung. Es bestätigte ihr die alte, von ihrer Mutter übernommene Auffassung, »dass Männer eben doch nichts taugen«, und als Beweis dafür erlebte sie seine fehlende Bereitschaft, sich weiterhin für ihre Sorgen zu interessieren. Sie blieben wegen Paul zusammen, denn keiner wollte zunächst die Folgen einer Trennung in Kauf nehmen. Jahre später, als Paul ins Gymnasium kam und sich zeitgleich für sie eine berufliche Chance in einer Modeboutique ergab, vollzog Clara jedoch die Trennung.

Wie unser Stern auch in Zukunft leuchten kann

Derjenige Partner, der in Ihrer Beziehung häufig die Rolle des Retters einnimmt, sollte sein Verhalten infrage stellen und sich davon verabschieden, nur als Versorger und Kümmerer akzeptiert zu werden und liebenswert zu sein. Er müsste sich die Erlaubnis geben, auch an sich zu denken, und verstehen, dass er dann auch noch geliebt wird. Dies bedeutet, dem hilfsbedürftigen Partner auch Grenzen zuzumuten und eigenen Bedürfnissen und Interessen einen Wert beizumessen. Ziel wäre also, seine zu stark auf den anderen ausgerichtete Aufmerksamkeit wieder mehr zu sich zurückzuholen.

Bezogen auf die vorausgehende Beispielgeschichte bedeutet dies: Heinrich stellt seine Bedürfnisse nicht gänzlich zurück und gibt Clara zuliebe seine Hobbys auf, sondern lebt diese in angemessener Form: ein fester Termin für seine Leidenschaft, Tennis zu spielen, eine Zeit nach der Arbeit, die er als Übergang und Regeneration zur Verfügung hat, ehe er sich der Familie widmet, Auszeiten am Wochenende, an denen er seine Freunde trifft und Clara dadurch veranlasst, sich ebenfalls ein eigenes soziales Netzwerk aufzubauen. Heinrich hätte lernen müssen, sich abzugrenzen, wenn Clara Wünsche äußert, die ihn überfordern. Zum Arzt fahren kann sie auch alleine. Wenn Clara ständig über Dinge jammert und nörgelt, die nicht veränderbar sind (Wohnort, Jobunzufriedenheit, Entfernung zur Heimat, durch das kleine Kind bedingte Einschränkungen), darf er sie durchaus unterbrechen und sie bitten, doch das Thema zu wechseln.

Der abhängige Partner wiederum wird durch die Autonomie des anderen gezwungen, sich selbstständiger zu entwickeln, was auch das Gefühl von eigener Gestaltungskraft anstatt Ohnmacht stärkt. Clara hätte schrittweise kleine Jobs in ihrer Branche annehmen können und bei geeigneter Kinderbetreuung durch das Au-pair oder ein Kindermädchen noch ein Leben außerhalb der Mutterrolle haben können. So wäre sie auch mit mehr Menschen in Kontakt gekommen und hätte leichter einen eigenen Freundeskreis in der für sie noch fremden Stadt aufbauen können. Die Folge: ein Zuwachs an Zufriedenheit mit sich und eine gemilderte

Erwartung an Heinrich. Clara wäre unabhängiger und hätte nicht ständig das Gefühl, dass sie nur Heinrich zuliebe da lebt, wo sie jetzt lebt, sondern weil sie sich dazu entschieden hat.

Weiterhin hätte dies einen inneren Prozess zur Folge: Clara hätte sich von der Idee verabschiedet, weiter als ungebundene Frau zu leben. Früher oder später hätte sie auch anerkennen müssen, dass sie keine unbegrenzte Erfüllung eigener Bedürfnisse erwarten kann, sondern auch Verzicht leisten muss, insbesondere dann, wenn kleine Kinder das Paarleben verändern: Der sehnliche Wunsch nach einem eigenen Kind und einem beruflich erfolgreichen Mann, der ihr einen gehobenen Lebensstandard bietet und seinen Beruf mitten in der Aufbauphase einer eigenen Praxis nicht als Teilzeitkraft ausüben kann, bringt den Verzicht auf individuelle Freiheit mit sich. Materiell besser versorgt und von der eigenen Pflicht zu arbeiten enthoben zu sein bedeutet aber gleichzeitig, kein ebenbürtiges Familienmodell leben zu können, wie etwa mit einem Mann, der beruflich geringer belastet ist (und weniger verdient), dafür aber mehr Zeit zu Hause verbringt. Clara hätte sich auch die Vorteile ihrer neuen Lebenssituation vor Augen führen sollen und nicht immer nur die Nachteile. Dies bedeutet auch, destruktive Gedanken zu stoppen und diese durch positive zu ersetzen, Augenblicke zu genießen und wertzuschätzen, sich an dem zu freuen, was durch die Partnerschaft an Neuem hinzugekommen ist, nicht mehr einsam zu sein, den erfüllten Kinderwunsch und die materielle Versorgung auszukosten.

Bei eigenem Unwohlsein oder aufkommenden Gefühlen von Unzufriedenheit hätte Clara zunächst selbst nach Lösungen für sich suchen können, anstatt von Heinrich eine (Er-)Lösung zu erhoffen.

Kurzum: Die Liebe zu Heinrich wäre damit so zu definieren, dass aus »Ich liebe dich, weil ich dich brauche« ein

»Ich komme auch alleine ganz gut zurecht, ich kann mir mein Leben auch selbst wohlig gestalten, aber *mit* dir ist es schöner«, also ein »Ich brauche dich, weil ich dich liebe« entstehen kann.

Den Stern wiederfinden

Anregungen zum Nachdenken und gemeinsamen Reflektieren sind folgende:

- Hinterfragen Sie unbefriedigende Zustände in Ihrem Leben zunächst selbst und suchen Sie nach einer Lösung, die Sie unter Ihrer eigenen Regie angehen: »Ich bin unzufrieden, weil ich mich so wenig bewege, dann buche ich ab dem nächsten Monat einen Kurs in der Fitnessanlage«, »Ich leide unter meiner Arbeitsituation, ich suche mir eine Alternative oder engagiere mich für eine Lösung innerhalb der Arbeitsstelle.«
- Derjenige, der immer wieder dazu neigt, in die »Kümmererrolle« zu gleiten, kann sich fragen: »Wird es mir nicht manchmal zu viel?«, »Bemerke ich, dass ich anfange, Zeiten des Alleinseins zu genießen, weil ich mich nur dann entspannen kann, nicht ständig die Befindlichkeit meiner Partnerin im Auge habe?«, »Traue ich mich auch mal, ›Nein‹ zu sagen?«
- Seien sie ehrlich zu sich und Ihrem Partner. Hinterfragen Sie Ihr Denken und unterscheiden Sie einen gesunden Egoismus vom landläufigen Verständnis von Egoismus, welcher mit sozial unverträglichem Verhalten einhergeht und rücksichtslos an den eigenen Vorteilen orientiert ist. Sich selbst die Wichtigkeit eigener Bedürfnisse zuzugestehen ist nicht verwerflich, sondern hilft, auf Dauer ein verlässlicher Partner zu sein, der keine überdimensionierten Zugeständnisse macht und deswegen irgendwann auf

Distanz gehen muss. Wie wird es ihrer Partnerin gehen, wenn Sie nach Jahren erfährt, dass ihre umwerfende Fürsorglichkeit ihnen eigentlich oft zu viel und nicht immer ehrlich gemeint war? Dann lieber dem anderen rechtzeitig kleinere Abgrenzungen zumuten und mit den eigenen Kräften gesund haushalten.

Konkrete Tipps aus der Sternwarte

- Schaffen Sie eigene Inseln außerhalb der Paarinsel und bauen Sie diese in angemessener Form regelmäßig in den Alltag ein. Konkret heißt das, eigene Interessen zu verfolgen und eigene Kontakte aufzubauen und zu pflegen, an denen der andere Partner keinen Anteil hat, wie zum Beispiel ein Männerabend mit einem guten Freund oder ein Frauenabend mit einigen guten Freundinnen. Oder sie geht montags morgens mit Karin joggen, er geht mittwochs abends mit Michael Billard spielen.
- Bei unterschiedlichen Wünschen der Partner muss derjenige, der dazu neigt, sich dem anderen zu schnell anzupassen, besonders darauf achten, dass er nicht aus den Augen verliert, was er eigentlich selbst möchte. Nehmen Sie sich die Zeit, vorher genau zu überlegen, wie Sie eine bestimmte Angelegenheit regeln möchten. Treten Sie erst dann mit dem anderen in Verhandlung und zögern Sie nicht, ihren Standpunkt mutig zu vertreten. Werden Sie mit der Bitte konfrontiert, am Wochenende die Garage aufzuräumen, dann können Sie antworten: »Ich habe deinen Wunsch gehört, ich denke darüber nach und sage dir heute Abend Bescheid.« Sie sagen damit auch: »Ich muss in Ruhe überlegen, was noch alles am Wochenende geplant ist und ich möchte nicht ein voreiliges Versprechen abgeben und dann eventuell nicht einhalten kön-

nen.« Sie drücken damit auch aus, dass Sie Ihre Partnerin wertschätzen und in ihrem Wunsch ernst nehmen. Mit verzögerter Reaktion verhindern Sie, zu rasch und damit unüberlegt Zusagen zu machen, die Sie entweder nicht einhalten können (und damit eine neue Enttäuschung erzeugen) oder die sie überfordern, wenn Sie nur um des lieben Friedens willen bis in die Nacht hinein alles schaffen wollen. Die damit erzeugte schlechte Laune belastet Ihre positive Gegenseitigkeit, das Gefühl, nicht wirklich selbst entschieden zu haben, breitet sich oft als Ärger (eigentlich über sich) aus, der dann in einer nächsten Situation ausbrechen kann oder auf Dauer auch körperliche Symptome erzeugt. Zu viele aufgestaute Ärgergefühle können gefährlich sein für das gute Grundgefühl und für die Magenschleimhäute.

- Grenzen Sie sich deutlich ab, wenn der Partner etwas will, was Sie nicht dauerhaft geben können, beispielsweise: »Ich brauche von dir täglich Anerkennung und Lob, weil ich so oft unsicher bin, ob ich es gut mache.« Geben Sie ihm zu verstehen, dass Sie seinen Wunsch verstehen, ihm aber nicht weiterhelfen können, da Sie weder die Kraft noch die Ausdauer haben, dies täglich zu leisten. Machen Sie dafür Angebote, die realistisch sind, wie: »Ich werde darauf achten, dir öfter zu sagen, was mir an unserem Zusammenleben gefällt. Wenn ich es mal vergesse, dann frage danach, damit komme ich zurecht.«
- Der stärkere Partner sollte dem bedürftigeren Partner auch etwas zutrauen und sich bei Vorhaben öfter mal ganz heraushalten. Den Urlaubsort aussuchen, einen Babysitter für den gemeinsamen Paarabend finden und den geeigneten Fitnesskurs buchen kann der andere auch getrost alleine. Wenn sie zum Beispiel zum wiederholten Mal wissen will, wie der Drucker funktioniert, dann kann er sagen: »Ich erkläre es dir gerne einmal und du notierst

dir die Schritte, damit du es in Zukunft auch ohne mich kannst.« Oder er kann ihr die Gebrauchsanweisung geben.

- Der hilflosere Partner kann bewusst Verantwortung für die sonst von ihm delegierten Aufgaben übernehmen und somit allmählich neue Bereiche des Lebens für sich »erobern«: »Ich möchte unsere Konten von nun auch verwalten können. Zeig mir einmal, wie es geht, dann übernehme ich es ab nächsten Monat«, »Ich möchte selbst das Erstellen von Powerpoint-Präsentationen beherrschen. Ich buche einen Kurs und lerne es jetzt selbst.« Damit machen sich Partner übrigens auch wieder attraktiver, denn sie werden autonomer und bleiben interessant für den anderen. Oftmals geschehen diese Entwicklungen leider erst, wenn eine Beziehung zu Ende ist, weil dann Selbstständigkeit durch das getrennte Leben notwendig geworden ist. Das erklärt auch, warum es immer wieder Paare gibt, die sich sogar nach einer Scheidung neu ineinander verlieben können. Der andere ist erwachsener geworden und nun eher auf Augenhöhe und das lässt die Glut unter der Asche wieder glühen.
- Unterscheiden Sie Notsituationen von Regelmäßigkeiten. Mal kann ich »Retter« sein, weil der Kühlschrank mitten in der Hitzeperiode ausgefallen ist und ich den Reparaturdienst auch am Wochenende schneller organisieren kann als du, aber diese Rolle möchte ich eben nicht ständig einnehmen! Mal kann ich mich auch versorgen lassen, die Füße hochlegen und dringend zu erledigende Einkäufe an den anderen delegieren. Auch dieses Abgeben sollte nicht zum Dauerzustand werden. Nur im fließenden Wechsel kommen Geben und Nehmen in ein ausgewogenes Verhältnis und der Liebesstern kehrt zurück auf seine Bahn.

4

»Wir machen alles gemeinsam«

Viel Zusammensein sichert die Liebe. Gemeinsames Erleben hat Priorität vor Alleingängen. Paare, die ihre Beziehung nach diesem Prinzip leben, führen Team- oder Geschwisterpartnerschaften mit maximaler Überschneidung in allen Lebensbereichen: gemeinsame Hobbys, gemeinsame Interessen, gemeinsame Freunde, überschneidende Berufsfelder. Fühlen, Wollen und Denken sind bei solchen Paaren sehr ähnlich und bestehende Unterschiede werden meist verleugnet und voreinander verheimlicht. Meist werden solche Beziehungen zu einer von außen bewunderten, harmonischen Ehe, jedoch ohne Spannung, was sich früher oder später nachteilig auf die erotische Anziehung auswirkt und zum Verlust der Liebe führen kann. Nicht selten findet einer der Partner in einer Außenbeziehung die verloren gegangene Faszination des Fremden und Unvertrauten wieder.

Die Geschichte

Anna und Rolf haben sich im Kindergarten schon gekannt. Sie gingen im gleichen Dorf in die Schule und hatten gemeinsame Freunde. Mit 16 verliebten sie sich ineinander und nachdem Rolf noch einen kurzen Flirt mit Ilona hatte, wurden sie ein festes Liebespaar und wegen ihrer stabilen Beziehung von vielen beneidet. Sie zogen nach dem Abitur zusammen in eine Stadt und studierten beide Theologie.

Was sie verband, waren gemeinsame Wurzeln, eine gemeinsame Sprache, ähnliche Vorstellungen über die Welt und das Leben als solches. Sie machten ihre ersten Reisen zusammen und bevorzugten beide Wanderurlaube in den Bergen. Sie unterstützten sich im Studium bei Prüfungen, und bei der Auseinandersetzung mit ihrem unangenehmen Vermieter hielten sie zusammen wie Pech und Schwefel.

Anna und Rolf heirateten mit Mitte 20 und feierten ein rauschendes Fest mit vielen Freunden und Verwandten. Der Pfarrer hatte in seiner Ansprache den eindringlichen Rat formuliert: »Und gebet einander genügend Raum, damit jeder sich entfalten kann nach seiner Art …«, aber da sie so viele gemeinsame Interessen hatten, die sogar das Berufliche mit einschlossen, hatte keiner von beiden das Gefühl von Einschränkung. Es war klar, dass sie alles erst miteinander besprachen, ehe sie etwas entschieden, denn sie verstanden sich gut. Keiner tat einen Schritt, ohne nicht den anderen darüber zu informieren. Anna wusste immer, wo Rolf war, und Rolf wusste immer, was Anna gerade zu tun hatte.

Nach dem Ende des Studiums geschah dann das Wunderbare: Sie erhielten in der Schweiz eine gemeinsame Pastorenstelle. Beide waren glücklich, denn nur ein besonderer Zufall machte es möglich, dass sie in der gleichen Gemeinde tätig werden konnten. Anna wurde nach zwei Jahren schwanger und Laura wurde geboren. Auch diese neue Lebensphase meisterten sie als gut eingespieltes Team prima. Rolf kümmerte sich gleichermaßen um die Beschaffung der Babyausstattung wie Anna und er verpasste keinen der angebotenen »Elternabende für junge Paare«.

Sie waren nun schon über zehn Jahre ein Paar und es hatte keinen Tag gegeben, an welchem sie sich nicht gesehen hatten. Beide bemerkten zwar, dass sie in der Sexualität und Entdeckung von Lust und Leidenschaft eher unsicher waren; so ergab es sich, dass bereits Jahre vor der Schwangerschaft beiden die große Leidenschaft fehlte. Sie kuschelten gerne und lagen eng beieinander, aber für Rolf und auch für Anna hätte es gerne etwas aufregender sein können. Rolf war unsicher und wusste nicht, wie er auf Anna zugehen sollte. Sie wiederum litt lange unter dem Verdacht, ihrer einstigen Konkurrentin Ilona nicht das Wasser reichen zu können, und vermutete, dass Rolf ihr nicht alles über seine Erfahrungen mit Ilona verraten hatte. Beide vermieden es, über ihre sexuellen Wünsche zu sprechen. Das hatten sie nicht gelernt. Sie hofften, die Leidenschaft werde sich mit der Zeit von alleine entwickeln, und arrangierten sich mit ihrer Unzufriedenheit dadurch, dass in den übrigen Bereichen der Beziehung alles so gut zusammenpasste.

Als Laura fünf Jahre alt war, entdeckte Anna, dass Rolf eine Geliebte hatte. Dieser Schock saß tief, hatte sie ihm doch immer voll vertraut. Rolf hatte Gaby auf Fortbildungen wiederholt getroffen und mit ihr eine mehrere Monate andauernde Liebschaft begonnen. Er war fasziniert von ihrer Ausstrahlung, ihrer Körperlichkeit, ihrem Humor. Es war für ihn das pure Abenteuer voller Spannung und Erotik, mehr Verbindlichkeit wollte er nicht, aber die Faszination, die von Gaby ausging, veranlasste ihn dazu, seine Treffen mit ihr heimlich fortzusetzen. Andererseits wollte er Anna auf keinen Fall verlassen. Zu kostbar waren ihm die vielen gemeinsamen Jahre, die Vertrautheit und die tiefe Verbindung, die er zu Anna spürte. Das Ungelebte in der Beziehung zu Anna, die Spannung, die Erotik und das Fremde, fand in der Begegnung mit Gaby seine Erfüllung. Er war betroffen davon, dass er bei Anna so viel Leid verursachte, und trennte sich schließlich schweren Herzens wieder von Gaby.

Die Liebe zwischen Anna und Rolf war noch immer da, aber das Vertrauen hatte tiefe Blessuren erlitten, und zum ersten Mal trennten sich ihre Wege. Rolf zog übergangsweise zu Hause aus und Anna initiierte eine Paarberatung, an der beide teilnahmen. Beide waren selbst in der schwersten Krise ihres Lebens ein gutes Team. Sie sprachen viel miteinander, ehrlicher als sonst, und teilten sich das erste Mal mit, wie es ihnen mit dem anderen all die Jahre ergangen war. Sie trauten sich, Unterschiede zuzulassen, sich als eigene Persönlichkeiten gegenüberzustehen; jeder für sich, so wie der Pfarrer es ihnen damals im Ehevorbereitungskurs angeraten hatte. Das verloren gegangene Vertrauen wuchs erst über Jahre wieder, nach vielfach wiederholter Erfahrung von Verlässlichkeit. Die Paarberatung half beiden, in der Sexualität ihre individuellen Wünsche zu spüren und einander mitzuteilen. Sie lernten, Kompromisse zu bilden und sich in ihrer Unterschiedlichkeit zu zeigen.

Der gute Stern

In keiner Beziehung ist die Bindekraft so hoch, klebt der Kitt so gut, fällt eine Trennung so schwer wie in einer Partnerschaft, die von viel Gemeinsamkeit und dauerhafter Bindung gekennzeichnet ist. Ja, viel gemeinsam Gelebtes schafft eine tiefe innige Verbundenheit. Das ist ohne Zweifel ein unschätzbar wertvoller Aspekt dieses Leitsterns. Wenn dies auch noch in der emotional hoch besetzten, sensiblen Phase der Ablösung vom Elternhaus und während der ersten Schritte ins eigene Leben geschieht, verbunden mit allem, was da an Selbstzweifeln und Prozessen des eigenen Findens und Werdens auftaucht, dann ist die Verbindung zweier Menschen umso stärker. Der andere ist beim Start ins eigene Leben außerhalb des Elternhauses ein sicherer Begleiter, ein großer Bruder, eine verlässliche Schwester. Als unerschütterliches Team bewältigen beide die Hindernisse und Unwägbarkeiten, die sich ihnen in den Weg stellen. Das schafft

Liebe, die von Stabilität und Sicherheit, von Klarheit und Verlässlichkeit geprägt ist. Ein Bollwerk gegen alles, was von außen kommt. Ein Hafen, in welchen ich immer zurückkehren und aufgefangen werden kann. Es sichert der Liebe ein langes Bestehen, manchmal über mehrere Jahrzehnte.

Wenn der Stern vom Himmel fällt

So schön diese Sicherheit für Anna und Rolf auch gewesen sein mag, so sehr ging sie auf Kosten der Spannung innerhalb der Beziehung und damit auf Kosten der körperlichen Anziehung in Form von aufregender Erotik. So etwas vermissen Paare mit ähnlicher Geschichte zumeist. Oft fehlt die Erotik hier von Anfang an und deswegen kommt es dann doch anders als erwartet. Man hat sich eben gut verstanden – zu gut! Solche Beziehungen beginnen selten als große Leidenschaft, sondern eher als ein gut kalkulierbares Abenteuer, bei dem es viel Vertrautes und Bekanntes gibt. So auch bei Anna und Rolf. Es sprach viel dafür, dass sie ihr Motto »Wir machen alles gemeinsam« als Leitmotiv nicht aufgaben, denn sie kannten es nicht anders. Es half ihnen bei vielen schwierigen Entwicklungsschritten und machte alles einfacher. Zudem genossen beide das Gefühl von Vertrauen und Stabilität, welches durch den lange gemeinsam beschrittenen Lebensweg entstanden war.

Wir bedürfen der Gemeinsamkeit und der Eigenständigkeit

Aber alles zu teilen, alles zu besprechen, alles gemeinsam zu entscheiden hat zur Folge, dass mein eigenes inneres Ich, meine Abgrenzung zum anderen, verschwimmt und damit eine große Abhängigkeit entsteht. Da Autonomie ebenfalls ein menschliches Grundbedürfnis ist, wehrt sich früher oder später immer einer der beiden Partner gegen dieses hohe Abhängigkeitsniveau. In diesem Fall war es Rolf. Er träumte oft davon, wenn Laura groß wäre, endlich unabhängig durch die Weltgeschichte zu reisen und niemandem mehr verpflichtet oder verbunden zu sein. Diese extreme Gegenbewegung deutet an, dass es für Rolf zu viel an Gemeinsamkeit geworden war und ihm sein Bedürfnis nach Eigenständigkeit existenziell immer wichtiger wurde. In der Sehnsucht nach individuell gestalteter Sexualität fand dieses Bedürfnis seinen Ausdruck und in der Begegnung mit Gaby seine konkrete Erfüllung.

Wie unser Stern auch in Zukunft leuchten kann

»Sandkastenliebe« schmeckt »bitter-süß«. Sie wird beneidet, weil alles so gut zusammenpasst und das Paar in seinem Umfeld eine große Harmonie ausstrahlt, worauf viele andere Paare sehnsüchtig blicken, bei denen jeder Unterschied eine Debatte zur Folge hat. Solche Paare fühlen sich tief verbunden und empfinden ihre Paarbeziehung als sicheren Ort im Leben. Andererseits besteht ein hohes Maß an Abhängigkeit, denn erst mit dem anderen kann ich mich geborgen und »ganz« fühlen. Durch die vielfach geteilte Verantwortung hat keiner wirklich die Gewissheit, auch alleine zurechtzukommen. Entscheidend aber ist, dass dieses gute Team, diese fast geschwisterliche Verbundenheit auf Kosten der Spannung innerhalb der Beziehung geht. Alles ist bekannt, alles ist vertraut, mit nichts kann ich den anderen noch überraschen, alles weiß er schon vorher. Oftmals muss gar nichts mehr gesagt werden, der andere weiß und kennt es ohnehin schon. Das nährt Gefühle von Langeweile und die fade Gewissheit, über alles, was das Leben noch zu bieten hat, bereits Bescheid zu wissen.

Auch eigene Wege gehen

Genau hier gilt es, mit deutlichen Zeichen und Handlungen innerhalb der Beziehung eigene Wege zu gehen: ein Auslandsaufenthalt, ein anderer Ort für ein Praktikum, ein Stückchen autonomes Leben, von dem der andere nicht jedes Detail kennt. So bewältigt jeder den Alltag eine Weile alleine. Keine täglichen Anrufe, sondern mal eine Woche oder länger gar keinen Kontakt und den anderen in Ruhe lassen. In dieser Zeit sollte jeder Partner selbst etwas Neues ausprobieren. Anna und Rolf hätten so die Spannung herstellen und erhalten können, die beiden fehlte. Sie hätte ihre kleinen, ungefährlichen Flirts mit anderen Studenten nicht immer gleich beichten sollen und er hätte seine Träume vom großen Abenteuer in eine realistischere Form verwandeln können: in eine größere Bergtour mit einem Freund oder in einer Gruppe, ein Motorrad, das er ab und zu für eine Spritztour herausholt, ein Wochenende, an dem er unterwegs ist, ohne alle zwei Stunden bei Anna einen minutiösen Bericht abzuliefern. Dafür zieht Anna auch mal los und erkundet eine ihrer Lieblingsstädte mit einer guten Freundin. Das bedeutet: Jeder hat neben der Beziehungswelt seine eigene Welt und lässt dort das eine oder andere Geheimnis offen. Das schafft Spannung und erhält die Partner als anziehenden Mann und als anziehende Frau füreinander. Letztlich hat jeder so auch mehr vom anderen, da beide reifer geworden sind.

Den Stern wiederfinden

Anregungen zum Nachdenken und gemeinsamen Reflektieren:

- Denken Sie darüber nach, wo Sie zu oft zu viel zusammen sind, und überlegen Sie, welche kleinen Trennungen Sie sich im Alltag zutrauen. Es gibt Paare, die waren in ihrem Zusammensein noch nie länger als 3 Tage voneinander getrennt (oder nicht einmal das). Es entpuppt sich tatsächlich eine erstaunliche Erkenntnis für Paare, wenn sie es wagen, innezuhalten und sich bewusst zu werden, dass sie über all die Jahre oder Jahrzehnte eine schleichende Gewohnheit entwickelt haben, sich nur in der Nähe des anderen richtig wohlzufühlen. Dass sie sich an Tagen, die sie alleine zu Hause verbringen, in einer sonst kaum merklichen inneren Warteposition befinden und zu keiner vernünftigen Tagesplanung fähig sind. Dass ihnen die Ideen fehlen, wie eigene Aktivitäten ohne den anderen auch Spaß machen können und wie sie verhindern können, dass der Eindruck von verlorener Zeit in der inneren Gefühlsuhr entsteht.

- Machen Sie sich klar, welche eigenen Wünsche und Bedürfnisse Sie bislang weder sich selbst noch dem anderen gegenüber bewusstgemacht und verdeutlicht haben. Oft ist partnerschaftliche Gemeinsamkeit so vertraut, dass kein Anlass bestand, eigene Pläne zu schmieden. Es braucht eine ganze Weile, bis man auf die Spuren kommt, die zur eigenen Bedürfniswelt führen: Wollte ich nicht schon immer mal an einer Wüstensafari teilnehmen, habe es aber nie gemacht, weil mein Mann nur Urlaube in hygienisch einwandfreien Hotels akzeptiert? War da nicht vor langer Zeit der Plan, mit meinem alten Kumpel in einem VW-Bus durch Skandinavien zu fahren? War es nicht ein lang gehegter Wunsch, E-Gitarre zu lernen und in einer Band zu spielen? Wie wäre es, wenn ich die Sprachkenntnisse aus dem langjährigen Französischkurs endlich auch praktisch nutze und eine Reise durch das Land plane, ohne meinen Mann? Es fühlt sich erst mal fremd und unvertraut an. Denken Sie deswegen nicht, es sei falsch oder gegen ihre Art und damit auch nicht Ihre Sache. Man sagt: »Gehe dahin, wo der größte Widerstand ist, denn dort kannst du am meisten lernen.« Es wird diesen Widerstand geben und das besagt nicht, dass Ihr Plan der Falsche ist.

- Setzen Sie sich nicht unter Druck. Kleine Schritte sind ein guter Anfang. Beginnen Sie mit leistbaren kleinen Projekten, welche die Überschrift tragen: »Das tue ich, weil es *mir* ein Anliegen ist«: Räumen Sie den Dachboden aus, weil Sie dort schon immer mehr Luft und Platz haben wollten, auch wenn ihr Partner Dinge lieber aufhebt. Gestalten Sie das Vorgartenbeet um, weil es Ihnen schon lange nicht mehr gefällt, auch wenn sie dann alleine entscheiden, wo welche Rose gesetzt werden soll.
- Setzen Sie eigenständiges Verhalten nicht *gegen* Ihren Partner ein! Das Motto »Jetzt soll er mal sehen, was er an mir hat, soll sehen, wie es ist, wenn ich ihn alleine lasse« führt in die Irre. Das wäre im Grunde eine Fortsetzung von abhängigem Verhalten nur mit umgekehrter Polung. Wieder handle ich in dieser Version nicht frei und bin nicht mit meinen wahren Bedürfnissen in Kontakt, sondern richte mein Verhalten nach den möglichen Reaktionen des anderen aus, bleibe abhängig.
- Manipulieren Sie nicht! Wenn ich jetzt diese Paris-Reise durchhalte, dann werde ich ihn bestimmt beeindrucken und er wird mich wieder attraktiver finden. – Das wird nicht funktionieren, da ich damit keine authentische, selbst gewählte Entwicklung meiner Persönlichkeit erzeuge, sondern ein geschicktes Taktieren ohne Konsistenz praktiziere, welches nicht überzeugen wird.
- Individualität geht in symbiotisch-orientierten Beziehungen über die Jahre verloren und manchmal hat sie sich nicht einmal davor, im Elternhaus, ganz entfalten können. Es ist also mit jedem individuellen Schritt, als begännen Sie eine Entdeckungsreise, die langsam vonstatten geht. Eine Reise zu sich selbst, die, ähnlich Reisen

in fremde Gegenden, auch Irrwege beinhaltet. Dann muss ich gut prüfen, umkehren und einen anderen Weg versuchen, und während ich gehe, entwickele ich ein Gespür für mich und für das, was zu *mir* passt. Nur so komme ich an – und zwar bei mir selbst. Und so werde ich auch für meinen Partner zur Entdeckung und es entsteht eine Spannung zwischen uns, welche die Verliebtheitsgefühle wieder zum Glühen bringt und sexuelle Anziehung bewirken kann.

Konkrete Tipps aus der Sternwarte

- Genießen Sie einerseits die Gemeinsamkeit und fördern Sie gleichzeitig die Eigenständigkeit des Einzelnen. Besuchen Sie zum Beispiel ein anderes Konzert als ihr Partner, unterhalten Sie sich auf Partys mit unterschiedlichen Leuten und treffen Sie sich erst gegen Ende wieder. Fördern Sie unterschiedliche Interessen, um so die Spannung in der Beziehung zu erhalten.
- Achten Sie bei einer gemeinsamen Wohnung auf eigene Zimmer, die jeder selbst nach seinem Geschmack einrichtet und zu bestimmten Zeiten ganz für sich nutzen kann.
- Jeder Partner sollte sich eigene Freunde suchen und diese Freundschaften auch regelmäßig pflegen. Beide Partner müssen auch lernen zu akzeptieren, dass sie nicht alle Freunde des Partners mögen können.
- Schaffen Sie feste Abende, die jeder Partner für sich und seine Hobbys nutzt, und planen Sie Wochenenden und Urlaube auch mal getrennt oder mit anderen.
- Halten Sie Ausschau nach neuen Freundschaften (keine Liebschaften!), die Sie inspirieren, Neues auszuprobieren. Lassen Sie sich darauf ein, den Literaturkreis kennenzulernen oder indische Musikabende zu besuchen.

Alleine wären Sie da vielleicht niemals hingegangen, aber mit zwei oder drei netten Freundinnen oder Freunden kann es viel Freude bereiten. Manche Männer tun sich schwer damit, neue Freundschaftskontakte zu finden, und verlassen sich da meist auf ihre sozial gut vernetzte Partnerin. Damit werden Sie aber zum lästigen Anhängsel und deren Gemeinsamkeitsgefühle wandeln sich um in Distanzierungswünsche und sogar Abwehr. Über den Fußballverein oder die Mountainbikegruppe wird es für Männer auch viel einfacher, neue Kontakte zu knüpfen. Es bedeutet, zu lernen, wie durch regelmäßig geteilte Erlebnisse auch hier Sympathie entstehen kann und damit eine eigenes soziales Netz entsteht, das trägt und nährt. Sie müssen ja nicht alle in der Gruppe mögen. Wählen sie den aus, bei dem die »Chemie« stimmt, und übernehmen Sie Initiative für Verabredungen.

- Gehen Sie beruflich für eine gewisse Zeit eigene Wege in Form eines Auslandssemesters, eines Praktikums oder einer Arbeitsstelle an einem anderen Ort, in einem neuen beruflichen Tätigkeitsfeld. Gemeinsam zu arbeiten ist für viele ein Traum. Aber wenn es zusätzlich noch ein eigenes Feld gibt, in welchem sich jeder Partner bewegt, dann bereichert dies Ihre Beziehung mehr, als wenn Sie jedes Element des Tagesgeschäfts kennen und sich darin nach einiger Zeit anöden, da Gesprächsinhalte uninteressant geworden sind und der andere keine Neugier mehr weckt.
- Teilen Sie dem anderen nicht jedes Detail Ihres Lebens mit, kleine Geheimnisse erhalten die Spannung. Der Abend zuvor war »sehr schön«, genügt, als Info. Ein Detailbericht über die diskutierten Themen ist nicht nötig. Lassen Sie Lücken in der Berichterstattung und regulieren Sie Spannungszustände in Ihrer Seele selbst, ohne andauerndes Monitoring seitens des Liebsten. Berichten Sie lieber einige Zeit später in Form kleiner kurzer Rück-

blenden: »Die letzten Wochen waren schwer für mich. Ich habe bemerkt, dass mich die Erkrankung meiner Kollegin belastet hat. Ich habe mich aber gut versorgt und bin täglich gejoggt, damit habe ich den Stress gut regulieren können.«

- Der kurze Augenflirt mit der attraktiven Frau im ICE bleibt ein ungefährliches Geheimnis, genauso wie die stillen Fantasien von einem aufregenden Liebhaber, der Sie leidenschaftlich verführt.
- Alles für den anderen Unerwartete frischt die Liebe auf und schafft Neugier und neues Interesse. Also hinterfragen und verändern Sie auch Ihre Gewohnheiten. Der ewige Schnauzbart muss nicht immer sein und Sie können auch ruhig mal eine Nacht durchtanzen, obwohl Sie bei Ihrem Partner dafür bekannt sind, ab Tagesschauende nicht mehr zu den Aktiven zu zählen.

5

»Wir reden über alles«, oder: »Wir haben keine Geheimnisse«

Täglich stundenlange Gespräche über jedes Detail sind bei den meist »psycho-erfahrenen« Paaren, die dieser Leitidee folgen, ein fester Programmpunkt. Wenn etwas nicht beredet wurde, kann es nicht weitergehen. Jede Kleinigkeit wird grundsätzlich von allen Seiten beleuchtet. Entscheidungen ziehen sich lange hin und die Umsetzung verzögert sich durch eine Vielzahl von Einwänden. Anstehende Entwicklungsschritte des Paares werden dadurch nicht vollzogen, so als liefe der Motor im Leerlauf. Der Umzug in eine gemeinsame Wohnung, ein Arbeitsplatzwechsel, die Entscheidung für ein Kind, all dies wird weder entschieden noch verwirklicht. Die Beziehung wird nicht gelebt, sondern durchgesprochen. Die Überbetonung der kommunikativen Form von Begegnung führt oft auch dazu, dass die gegenseitige Anziehung schwindet und in der Sexualität spontane Lust verloren geht. In der Sorge, eine Fehlentscheidung zu fällen oder notwendig gewordene Abschiede zu vollziehen, halten sie sich im Schwebezustand des Für und Wider auf. Das Prinzip »Reden statt Handeln« ist bestimmend. Passivität statt Initiative zeigen, abwarten, anstatt neues zu wagen. Zu schnell zu handeln könnte gefährlich sein und verunsichert. Die Aktivität besteht in verbalen Analysen, nicht im Tun. Die Partner lasten sich gegenseitig an, dass ihre Lebenszeit stetig verrinnt und das Gewohnte und Vertraute sich allmählich in Langeweile und Stagnation verwandelt.

Die Geschichte

Rita lernte Eberhard auf etwas ungewöhnliche Weise kennen. Sie hatte sich nämlich in das Programm »loveline« eingewählt und über diese Vermittlungsagentur verschiedene Adressen erhalten, hinter denen sich angeblich nach psychologischen Gesichtspunkten ausgewählte und zu ihr passende Partner verbergen. Nach langem Zögern startete sie die erste Initiative und rief Eberhard an. Mit diesem Namen verband sie etwas Ernsthaftes, Bodenständiges und zugleich Weiches und Einfühlsames; genau die Mischung, die sie suchte. Rita war nach einer gescheiterten Beziehung schon sieben Jahre lang Single und wollte einfach kein Risiko mehr eingehen.

Das erste Telefonat war kurz, aber die warme Stimme dieses Mannes ging Rita nicht mehr aus dem Sinn. Ganz zart und sanft baute sich ein Kontakt zwischen den beiden auf und bald schon führten beide häufiger längere Telefongespräche. Auch Eberhard war an einer ernsthaften Beziehung interessiert, hatte aber aufgrund seiner beruflichen Belastung als Versicherungsfachmann wenig Zeit für die Partnersuche. Er lebte allein und hatte immer nur kürzere Liebschaften, die aber meist seitens der Frauen beendet wurden. Er war vorsichtig geworden und wollte sein Herz nicht mehr so gutgläubig öffnen. Aber in den langen und immer länger werdenden Gesprächen mit Rita, die er bis dahin immer noch nicht persönlich getroffen hatte, entspann sich ein Band von Sympathie und Wohlgefühl.

Beide erlebten zum ersten Mal, dass sie mit einem anderen Menschen über alles reden konnten. Sie teilten sich nahezu alles mit, was sie gerade beschäftigte. Rita berichtete von ihrem ständigen Büroärger, der im Zusammenhang mit ihrer unzuverlässigen Kollegin stand und sie immer wieder neue Geschichten erzählen ließ. Eberhard hatte in Rita die geeignete Zuhörerin, wenn er von unfreundlichen Kundenkontakten genervt war. Aber auch andere Dinge, Erlebnisse und kleine Episoden des Alltags konnten sie sich gegenseitig anvertrauen. Bewusst zögerten beide ihr erstes Treffen hinaus, denn sie wollten sich nicht von Äußerlichkeiten ablenken oder gar enttäuschen lassen. Es verging ein halbes Jahr, bis sie ein erstes Treffen wagten. Und es vergingen weitere vier Jahre, bis sie zusammenzogen.

Zwischen Rita und Eberhard war es zur Paarkultur geworden, über alles mit größter Ausdauer zu reden, denn das hatte sie einander von Anfang an so vertraut werden lassen. Ihre stundenlangen Gespräche wurden als fester Programmpunkt des Tages meist abends eingeplant. Wenn etwas nicht ausreichend besprochen war, dann konnte es nicht weitergehen.

Ein Wochenende wurde von ihnen genau geplant und bezüglich aller erfassbaren Bedingungen durchgesprochen. Wenn Eberhard spontan die Idee hatte, am Wochenende den Keller auszumisten, dann erhielt er meist die bremsende Antwort: »Nein, lass uns das erst in Ruhe bereden.« Alles wurde von allen Seiten beleuchtet, und wenn eine Entscheidung nicht optimal in die Lebensplanung passte, wurde sie verschoben. So wurde auch der Einzugstermin immer wieder hinausgezögert und mit Argumenten wie »Nein, erst wenn das Projekt in der Firma beendet ist« oder »Erst wenn ich meine Mutter im Altersheim sicher und zuverlässig untergebracht habe« begründet. Sie fühlten sich beide wohl damit, die Gewissheit zu haben, ihr Leben in größter Einvernehmlichkeit und unter Erwägung aller Risiken zu organisieren.

In der Sexualität sprachen sie lange über das, was sie fühlten und was sie ängstigte und was sie nicht wollten und wie sie sich das intime Szenario vorstellten. Aber oft kam es dann gar nicht mehr dazu, weil sie zu müde waren oder weil sie keine rechte Lust hatten. Hier hatte besonders Rita ganz klare Vorstellungen davon, wie sie sich intime Begegnungen mit Eberhard wünschte. Das Licht musste so sein, lieber am Tag X und nicht am Tag Y, denn da musste sie morgens früher raus, das Tempo so, vorher musste das sein und hinterher das. Eberhard versuchte in langen Gesprächen, ihre Wünsche herauszufinden, sie beredeten immer wieder alle Details, wenn es nicht zur Zufriedenheit verlief. Eberhard hätte Rita gerne einmal spontan verführt, sie überrascht und überwältigt. Aber das traute er sich nicht. Seinem Freund gestand er irgendwann enttäuscht: »Wenn ich Sex planen muss, wenn immer erst alles besprochen werden soll, dann ist doch gleich alles verloren.«

Als sie sich mit der Kinderfrage beschäftigten, entstanden schließlich vermehrt Auseinandersetzungen. Beide wollten weiter berufstätig sein und es wurde genau kalkuliert, wer von beiden bei einer Teilzeitarbeit mit welcher Lohneinbuße zu rechnen hatte. Es gab Aufstiegschancen für Rita, deren Chef sie gern als Chefsekretärin gesehen hätte; Eberhard rechnete mit der Übernahme einer Beratungsagentur. Beide fürchteten Fehlentscheidungen und verpasste Chancen. Alles wurde immer wieder durchgesprochen, um den »richtigen Zeitpunkt« herauszufinden. Gleichzeitig lief Rita nun die Zeit davon und sie empfand Eberhard hier als den bremsenden Part, was dazu führte, dass die beiden sich immer häufiger stritten. Sie besuchten schließlich ein Paarseminar, um die ungeklärte Kinderfrage endlich rascher zu einer Klärung zu bringen.

Der gute Stern

Wenn Paare miteinander reden, ist das Gold wert, ganz im Gegensatz zu dem bekannten Sprichwort. So gesehen praktizieren Rita und Eberhard ein mutiges Gegenmodell zu vielen anderen Paaren. Sie tappen nicht im Dunkeln und müssen dauernd überlegen, was der andere wohl gerade erwartet. Besonders wenn die erste Verliebtheitsphase vorbei ist und die Sensibilität für den anderen aus ganz praktischen Gründen nicht mehr so hoch ist, weil der Alltag von beiden Partnern eine Menge Kraft und Aufmerksamkeit fordert, ist es sinnvoll, sich häufiger auszutauschen.

Reden schafft auch eine klare Orientierung. Ich weiß, woran ich beim anderen bin, und kann selbst mit hoher Wahrscheinlichkeit davon ausgehen, dass meine Partnerin mich rücksichtsvoll behandelt. Es entstehen weniger Missverständnisse und damit auch weniger Enttäuschungen. Meist gibt es auch weniger Anlass zu schlechter Atmosphäre oder gar Streit.

Reden reduziert auch die Wahrscheinlichkeit, dass sich geheime Verletzungen und damit offene Rechnungen ansammeln, die später teuer bezahlt werden müssen. »Hättest du das doch damals gesagt, dass ich bei dir bleiben soll, als du im Krankenhaus lagst«, »Hättest du doch deutlicher deine Ressentiments gegen ein Leben auf dem Land geäußert«, »Hättest du doch bloß früher gesagt, dass du gern mit mir gemeinsam in einem Chor singen würdest.«

Solchen Ungeklärtheiten beugen Rita und Eberhard höchst achtsam vor. Reden hilft schließlich auch der Selbstklärung. Wer weiß denn immer so genau, was er eigentlich möchte? Oftmals blenden wir bei unseren Ideen und Wünschen, die wir dem Partner vortragen, auch wichtige Konsequenzen und Randbedingungen aus. Da kann ein aufmerksamer Zuhörer, wie es Rita und Eberhard füreinander sind, auf fehlende Einsichten aufmerksam machen oder hilfreiche Hinweise geben. Das trägt sehr dazu bei, dass die Zahl von Fehlentscheidungen reduziert wird.

Viel Reden bedeutet auch viel in Kontakt sein. Die Partner fühlen sich wie im warmen Wasser. Immer mit Rückhalt und lückenloser Begleitung des anderen vorsichtige Schritte zu tun vermittelt ein Gefühl von Geborgenheit.

Wenn der Stern vom Himmel fällt

Jede noch so gute Medizin ist in der Überdosis schädlich. Bei Eberhard und Rita ist es doch anders gekommen als beide sich erträumt hatten, weil vor lauter Reden über die Beziehung das *Leben* der Beziehung selbst auf der Strecke geblieben. Eine Partnerschaft braucht außer guten Gesprächen auch die lebendige Erfahrung, etwas durchlebt und durchlitten zu haben. Wenn immer alles endlos gedreht und gewendet wird, wenn jeder Schritt der Paarentwicklung dauert, bis er schließlich vollzogen wird, dann verpufft die Energie, bevor es losgehen kann, und die Beziehung läuft sich leer. Es ist, als würden sich die Partner über eine atemberaubende Wanderung nur in allen Einzelheiten unterhalten, aber nie losgehen und damit auch das erhoffte Abenteuer nicht erfahren. Die Zögerlichkeit bei Rita und Eberhard war zudem ungleich verteilt. Wenn Rita einmal mehr Mut hatte, endlich nach einer Wohnung zu suchen, hatte Eberhard einen Einwand, und wenn Eberhard entschlossener war, das Leben nun endlich gemeinsam zu organisieren, wurde er von Rita gebremst. Still und leise baute sich bei beiden Ärger gegen den anderen auf, da jeder den Verdacht hatte, das fehlende Beziehungsglück habe der andere zu verantworten – »Weil Rita dies nicht wollte …«, »Weil Eberhard dazu nicht bereit war …« Als die biologische Uhr bei Rita lauter zu ticken begann, also eine lebenszyklisch bedingte Veränderung hinzukam, erhöhte sich der Druck, da der Kinderwunsch für beide ein existenzielles Thema war. Elternwerden ließ sich nicht so leicht kontrollieren und durch noch so ausgiebiges Abwägen erfassen.

Entwicklungsschritte verschieben verursacht Unzufriedenheit

Die Unzufriedenheit der beiden hatte zuvor schon im Bereich der Sexualität deutlich zugenommen, da sich das Paar auch hier jegliche spontane Lust versagte. Das Gefühl, auf der Stelle zu treten und nicht voranzukommen, wuchs bei beiden und keiner übernahm die Verantwortung für eine Entscheidung, deren Folgen nicht zu 100 Prozent absehbar waren. »Das Kind könnte behindert sein oder einfach nur schwierig, dann könnte einer nicht mehr arbeiten. Wie wäre das Ganze dann finanziell zu schaffen und wie kämen wir damit zurecht?« All das sind durchaus kluge Argumente, jedoch verhindern sie, dass die Beziehung vorankommt. Zudem kann keiner vorher die Unwägbarkeiten des Lebens kennen, auch nicht die Geheimnisse und Ungewissheiten, die keiner Logik folgen. Gerade darin verbirgt sich ja zugleich, was das Leben ausmacht. All das erst einschätzen zu wollen, bevor ich entscheide, heißt, dass ich nicht lebe, sondern zuschaue, wie das Leben an mir vorübergeht. Bei Eberhard und Rita gipfelte das häufige Bereden in ein Zerreden und damit in viele Auseinandersetzungen und Streits, bei denen sie sich verletzten und ihre Liebe beinahe verloren ging.

Wie unser Stern auch in Zukunft leuchten kann

Bei Paaren wie Rita und Eberhard ist Handeln angesagt und zwar auch dann, wenn die Konsequenzen nicht alle vorhersehbar sind, denn wo ist das schon möglich? Sich bei der Hand fassen und einfach springen, anstatt auf dem Sprungbrett zu stehen und immer nur hinunterzuschauen. Eberhard und Rita hätten mit ihrer guten Gesprächskultur einfach etwas haushalten müssen. Bestimmte Dinge werden nicht beredet, jedenfalls nicht immer. Zum Beispiel findet einfach jede Woche Intimität statt, auch ohne stundenlange Vorbesprechung. Sie findet eben einfach statt. Der Spontaneität wird kein Riegel vorgeschoben, ob im Bett oder bei Unternehmungen und Aktionen im Haus. Eberhard räumt den Keller auf, wenn ihm danach zumute ist, und lässt Rita Gestaltungs- und Mitspracherecht bei wesentlichen Dingen, also zum Beispiel bei der Frage, ob der alte Schrank nun weggeworfen wird oder nicht. Rita sucht die neue Wohnung und schleppt Eberhard zum Besichtigungstermin mit, ob er will oder nicht. Rita wird schwanger; wie die genauere Rollenfindung als Vater oder Mutter sich entwickelt, wird sich schon zeigen und ist ohnehin in der gelebten Fassung einfacher als in der theoretischen. Es hat kaum ein Paar gegeben, das diesen Entwicklungsschritt vom Paar zur Elternschaft nicht gemeistert hätte. Selbst wer Kindern gegenüber vorher eher ablehnend und skeptisch eingestellt war, findet aller Erfahrung nach in diese neue Rolle hinein und empfindet sie irgendwann als Bereicherung seines Lebens.

Das richtige Verhältnis von Reden und Tun

Dies bedeutet nicht, dass diese Paare sich kopflos in unüberlegte Abenteuer stürzen sollen. Abwägen, ob der Jobwechsel jetzt oder erst in einem Jahr stattfinden soll oder ob die Wohnung dem Budget entspricht, ist sicher eine gute Sache. Es geht hier eher um das richtige Verhältnis von Reden und Tun. Die gemeinsame Erfahrung wird dann zeigen, welcher Schritt als Nächstes dran ist und wo und wie etwas verändert werden muss, damit der Alltag besser zu bewältigen ist.

Sexualität ist ein wichtiger Bereich der Partnerschaft. Deshalb sollte ihr auch genügend Raum und Zeit gewidmet werden, egal, was gerade alles dagegen zu sprechen scheint. Die Insel der Intimität bleibt damit erhalten und geht nicht, wie so oft, ganz verloren. Gleichzeitig sollten die Ansprüche an die spontane Lust nicht zu hoch sein. Sexualität ist eine Frage der Entscheidung, sagt Ulrich Clement (2005). Auch wenn sie nicht immer von Schwindel erregender Ekstase gekennzeichnet ist, bedeutet sie Nähe und intime Begegnung und weckt Gefühle von Innigkeit und Freude.

Kurzum: Beziehung muss gelebt und nicht diskutiert werden! Anstatt »*mmm*«, *m*an *m*üsste *m*al, lieber »*www*«, *w*er tut *w*as bis *w*ann! Damit kommt Bewegung ins Paarleben und der Liebesstern erhält seine Leuchtkraft.

Den Stern wiederfinden

Anregungen zum Nachdenken und gemeinsamen Reflektieren:

- Denken Sie darüber nach, welche Ereignisse in Ihrem Leben gerade anstehen und welche Entwicklungsschritte Sie gemeinsam realisieren möchten. Wollen wir zusammenziehen und einen gemeinsamen Alltag teilen? Dann heißt das: als nächstes Wohnungsannoncen suchen und Termine zur Besichtigung vereinbaren. Machen Sie sich klar, dass manche Lebensschritte rasche Entscheidungen und die spontane Bereitschaft zum Handeln erfordern. Manchmal muss man den Kopf vorausschicken, dann kommt das Gefühl hinterher. Vieles können wir uns nicht vorstellen. Wenn der eine Partner 18 Jahre in der Stadt gewohnt hat und es immer gewohnt war, dass der Bäcker um die Ecke, das Kino in der Nähe, der Supermarkt bis 22 Uhr geöffnet hat, dann kann die Vorstellung, in einem 2000-Seelendorf zu wohnen, nur mit Ressentiments verknüpft sein. Wenn aber in diesem Dorf eine Wohnung mit Garten bezahlbar ist und die Kinder mehr Platz haben, dann spricht das dafür, diesen Schritt zu wagen. In der gelebten Fassung stellt sich dann unerwartet heraus, wie viel erholsamer das Leben auf dem Lande ist, wie entlastet die Familienatmosphäre ist, weil die Kinder endlich mehr Platz und Auslauf haben, und wie wenig die Vorzüge der Stadt vermisst werden. Es ist plötzlich ganz anders als befürchtet und ließ sich nur durch den konkreten Vollzug des Handelns und durch die sinnliche Erfahrung herstellen; nicht durch emsiges Abwägen von Vor- und Nachteilen. Sollte sich aber herausstellen, dass für den einen Partner das Landleben tatsächlich nicht annehmbar ist, dann müssen eben neue Entscheidungen getroffen werden. Das kann geschehen, wenn man nicht nur überlegt, wie man leben könnte, sondern das reale Leben lebt.

- Die Diskussion, was für und gegen eigene Kinder spricht, kann sich ebenfalls lange hinziehen. Auch dies ist nicht nur zweck-, sondern auch sinnlos, da die Frage »Wollen wir ein Kind oder nicht« rational betrachtet immer mit einem Nein beantwortet werden *muss*. Rational-logisch betrachtet spricht nämlich alles dagegen, da die Elternschaft überwiegend mit Einschränkungen, Kosten und Verzicht verbunden ist. Man kann nicht mehr individuell sein Leben gestalten, muss auf spontane Freizeitgestaltung verzichten, hat anfangs nicht einmal mehr die Ruhe zu essen, zu baden, zu schlafen. Später werden die Lebenskosten steigen und die Verantwortung zu tragen ist auch eine manchmal mühsame Angelegenheit. Die berufliche Karriere ist – noch immer zumeist für Frauen – eingeschränkt, die Partner leben in unterschiedlichen Welten, müssen entscheiden, wer weiterhin arbeiten wird, wer verzichtet, wer Elternzeit nimmt und vieles mehr. Fazit: Alles spricht zunächst dagegen und eine Entscheidung *für* ein Kind ist eine rein emotionale. Damit kann ein Paar die Analyse der Gründe für oder gegen ein Kind im Grunde rasch beenden. Es sollte lediglich entscheiden, ob es eine gute Verbindung und tragfähige Liebe zueinander empfindet und ob es sich – aus Liebe – *miteinander* ein Kind wünscht und in Zukunft ein Familienleben haben möchte. Der Rest der Diskussion ist an sich überflüssig.

- Auch die Wohnart kann Stoff für nächtelange Diskussionen liefern. Ist es ein Haus oder eine Mietwohnung? Ist es eine Wohngemeinschaft oder eher nicht? Ist es ein Altbau oder klimagerechter Ökobau, der zu uns passt? Es gibt Paare, die damit lange schwanger gehen und viele Informationen einholen, Beratungen in Anspruch nehmen und zahlreiche Messen besuchen – um dann letztendlich doch nicht zu entscheiden.
- Fragen Sie sich: »Welches sind unsere guten Gründe für das Nicht-Entscheiden?« Wovor bewahrt es uns, dass wir so miteinander und mit unserer Lebensgestaltung umgehen, und was ist das Hilfreiche daran, dass wir viel diskutieren und wenig handeln? Welche Ängste hast du, habe ich, die uns so zögern lassen, schnell zu handeln? Und sind diese realistisch oder stammen sie aus einer anderen Zeit, sind sie eher gelernt und es läuft ein automatisches Programm ab oder sind sie der aktuellen Situation angemessen?
- Es empfiehlt sich, eine Art Metasicht einzunehmen und Bilanz zu ziehen. Wann waren wir mal spontan und ha-

ben ohne Plan und ohne lange Absprache gehandelt? Wie war das und was davon soll wieder mehr in unser Leben kommen? Wenn die Nähe durch intime Kommunikation und intellektuelle Intimität bisher hergestellt und gesichert wurde, dann bedeutet dies zu reduzieren zugleich, dass etwas Vertrautes wegfällt und Ängste entstehen. Aber erst dann kann die Nähe in einem anderen Bereich der Partnerschaft neu gedeihen und erst dann kann der Liebesstern wieder besser seine Bahn ziehen.

Konkrete Tipps aus der Sternwarte

- Achten Sie darauf, dass der besprochene und gelebte Anteil innerhalb der Paarbeziehung in einem Verhältnis von etwa eins (= Reden) zu drei (= Tun) steht.
- Verkürzen Sie die Redezeiten und stellen Sie notfalls eine Uhr auf: Wenn der Wecker klingelt, diskutieren Sie noch fünf Minuten und dann ist Schluss. Eingeleitet wird das Ganze zum Beispiel so: »Wir reden darüber jetzt 30 Minuten und dann entscheiden wir uns.« Auch Zeitpunkte für wichtige Lebensabschnitte sollten so festgelegt werden: »Wir leben noch ein halbes Jahr getrennt, dann ziehen wir zusammen.«
- Machen Sie spontane Unternehmungen und markieren Sie unverplante Zeiten im Wochen- und Monatskalender mit grünem Leuchtstift. Somit sind sie festgelegt und können nicht mehr durch Einwände infrage gestellt werden. Erleben Sie etwas miteinander, was eher dem »sinnlosen Spaß am Leben« entspricht, als notwendige Pflichtprogramme zu erfüllen. Erlebnisse, die Adrenalin ausschütten und gemeinsam erfahren werden, wie Riesenrad fahren oder eine Bergtour machen, über wackelige Holzbrücken balancieren und einen Staudamm im Bach bauen, beflügeln

die Seele eher, als der Konsum eines teuren 4-Gänge-Menüs.

- Lassen Sie Abende und Wochenenden hin und wieder unverplant auf sich zukommen und tun Sie dann nach Lust und Laune Unspektakuläres, ohne alles vorher durchgesprochen zu haben.
- Planen und Vollziehen Sie Entwicklungsschritte, die in der Paarbeziehung anstehen, wie Zusammenziehen, Heiraten, eine Familie gründen, Berufswechsel, Ortswechsel etc. Legen Sie fest, innerhalb welchen vereinbarten Zeitfensters entschieden wird, anstatt jahrelang darüber zu diskutieren.
- Bei Vorschlägen eines Partners bemüht sich der andere Partner, alle bremsenden Wenn und Aber zu vermeiden, auf das Muster der Verzögerungstaktik zu verzichten, und stattdessen schlägt er vor: Wir probieren es eine Weile so aus, wie wir es jetzt besprochen haben, dann sehen wir, wie es funktioniert. Pläne lassen sich auch nach dem Start ins Unbekannte noch modifizieren. Um es anders auszudrücken: Leben Sie den Beziehungstraum, anstatt das (Partner-)Leben nur zu träumen!

6

»Bei uns ist immer was los, dann schläft die Liebe nicht ein«

Hier handelt es sich um unternehmungslustige »Action-Paare« mit vielen Hobbys, Interessen und häufig reger Teilnahme am Vereinsleben. Sie sind vital, voller Energie und in ihrem großen Freundeskreis beliebte Gäste. Sie sind als Paar selten allein und bewegen sich meist in der Gruppe. Damit jeder seine Bedürfnisse ungezwungen ausleben kann, wird aber auch Wert auf die persönliche Freiheit und Autonomie gelegt. Zeitaufwändige Hobbys oder ausgiebige Vereinsaktivitäten werden einander großzügig zugestanden. Die Partner führen ein vielseitiges Freizeitleben, aber begegnen sich selten als Paar. Deshalb vermissen sie zunehmend das Gefühl von innerer Bindung und echter Begegnung: Solchen Paaren fehlt es an Tiefe und Berührtheit in der Zweisamkeit. Auch wenn diese Aspekte einerseits einen wichtigen Teil ihrer Sehnsucht ausmachen, so lösen andererseits solch intensive emotionale Beziehungserfahrungen eher Angst aus.

Die Geschichte

Karl und Marlene lernten sich beim Klettern kennen. Sie hing am Seil und er sicherte ab. Es war eine organisierte Reise, die für Geübte eine gewagte Tour in den Kalkfelsgebieten der Provence anbot. Beide hatten erst etwas Respekt davor, waren dann aber stolz, so gut mit den anderen mithalten zu können. Karl hatte zuvor eine zweiwöchige Wanderung durch die wilde Natur Korsikas unternommen und sich mit seinem Freund Ralf bei zum Teil ungünstiger Witterung recht waghalsige Strecken zugemutet. Er liebte die Herausforderung, fuhr sonst in der Freizeit bei Wind und Wetter mit seinem Mountainbike, spielte Fußball im Verein und hatte einen großen Freundeskreis. Marlene war Anfang 30, sah aber sehr viel jünger aus und hatte mit ihrer burschikosen Art und den lustigen Sommersprossen auf gebräunter Haut immer einen Ausdruck von Frische, Tatkraft und zugleich kindlicher Freude. Sie war eigentlich leidenschaftliche Marathonläuferin und hatte das Klettern nur angefangen, weil es unter ihren Freunden gerade sehr beliebt war. Sie joggte regelmäßig morgens eine Stunde, bevor sie ihren Dienst als Reisekauffrau antrat. »Immer nur in dieser muffigen Bude sitzen, das kann ich nur aushalten, wenn ich genügend Sport treibe«, sagte sie jedem, der sich über ihr diszipliniertes Fitnessprogramm wunderte.

Karl und Marlene kamen aus der gleichen Stadt, und nach Beendigung der Klettertour trafen sie sich noch einige Male, gingen zusammen aus, besonders gern ins Kino, und lernten ihre jeweiligen Freundeskreise kennen. Marlene galt als »Action-Nudel« unter ihren Freunden. Mit ihr sei immer was los, erzählte Marlenes beste Freundin Grit strahlend. Seit ihrer Rückkehr aus Südfrankreich war noch nicht einmal eine Woche vergangen, da spürte Karl, dass er sich mit Haut und Haaren in die quirlige, lebenslustige Frau verliebt hatte. Marlene verkörperte für ihn noch so viel Mädchenhaftes und faszinierte ihn mit ihrem Charme. Auch Marlene, die von festeren Bindungen bisher nichts gehalten hatte und immer vor ihnen geflohen war, fühlte eine tiefe Zuneigung zu Karl, diesem sportlichen, heldenhaften Mann, mit dem sie sich jedes Abenteuer vorstellen konnte. Sie war sich sicher, dass es mit ihm niemals langweilig werden würde. Er würde nicht an ihr kleben und ihre Liebe würde nicht einschlafen, denn das war für Marlene aufgrund des Beziehungsmodells ihrer Eltern eine Horrorvorstellung. So war immer viel los in ihrer Partnerschaft.

Wenn sie nicht arbeiteten, dann waren sie auf einem Marathon in Frankfurt, einem Geburtstagsfest bei einem ihrer zahllosen Freunde, halfen beim Flohmarktstand von Marlenes Bruder aus oder besuchten Studienkollegen von Karl, die jetzt im Burgund einen alten Bauernhof restaurierten. Und das alles am besten an einem verlängerten Wochenende. Eine Grillparty hier, ein Diavortrag über Australien da, Treffen mit den Vereinskollegen von Karl und Besuch eines Trommelworkshops, den eine Bekannte von Marlene organisierte. Die Kette der Aktivitäten riss nie ab. Auch wenn es sehr anstrengend war, genossen sie es, ein lebendig-dynamisches Paar zu sein, dem es nicht passieren konnte, sich daheim in der begrenzten Welt täglicher Kleinigkeiten anzuöden.

Jetzt kamen zwei volle Leben zusammen und alles, was es da beiderseits an Freizeitbedürfnissen gab, musste unter einen Hut gebracht werden. So war ihre Beziehungskultur eher von atemloser Aktivität und nur selten von Zeiten der Ruhe für beide als Paar geprägt. Sie waren meist als Paar unter anderen und selten als Paar unter sich. Oder jeder von ihnen unternahm etwas mit seinen Freunden. Sie verfolgten den Grundsatz, dass jeder frei sein konnte und seine Autonomie in Form von eigenen gelebten Wünschen immer eine Berechtigung haben sollte.

Darauf achteten sie mit größter Sorgfalt, und das auch dann noch, als sie eine Familie gründeten und zunächst Jonas und später Sophia das Paarleben in ein Familienleben verwandelten. Karl, der mittlerweile in einer Softwarefirma eine Führungsposition innehatte und beruflich mehr gefordert war, verfolgte mit Akribie die Entwicklungen auf dem Kleinkindmarkt, insbesondere die dort zu erwerbenden

Fortbewegungsmittel. So verging kein Wochenende, an dem es nicht eine Radtour mit Fahrradanhänger gab oder ein Skiwochenende mit der Freundesclique inklusive organisiertem Babysitter, damit er und Marlene den Anschluss nicht verlören. Obwohl es jetzt zwei anstrengende kleine Kinder gab, sollte ihr bisheriger Lebenswandel keinen großen Verlust erleiden. Der Druck, neben der Berufstätigkeit (Marlene arbeitete bald wieder als Teilzeitkraft) und dem Familienleben die jeweils eigenen Interessen aufrechtzuerhalten, erhöhte sich immens. Als Paar begegneten sie sich nur noch abends müde im Bett. Karl war nach der Arbeit oft ausgepowert und erschöpft, er war häuslicher geworden und sehnte sich zunehmend nach mehr Ruhe und Gemeinsamkeit mit Marlene.

Als eine Freundin ihnen einen gemeinsamen freien Abend schenkte, saßen sie sich im Restaurant stumm gegenüber und hatten sich nichts zu sagen. Karl vermisste, dass er als Mann von Marlene gemeint und gewollt war. Ihre Aktivitäten, an denen sie trotz Doppelbelastung festhielt (sie joggte jetzt morgens zwischen sechs und sieben Uhr, bevor sie die Kinder weckte und versorgte), waren ihr wichtig und Karls Weigerung zu den Marathonrennen immer noch mitzukommen, empfand sie als Desinteresse und Ablehnung ihrer Person. Karl wiederum verletzte es, dass ihr das Laufen wichtiger war als die Beziehung zu ihm oder zur Familie. Sie aber empfand ihn als einengend und undankbar, da sie unter der Woche ein weitaus größeres Stück Familienarbeit leistete und dafür am Wochenende den verdienten Ausgleich erwartete. Sie stritten oft, manchmal sogar täglich, und die Stimmung verschlechterte sich zusehends.

Als sie in die Beratung kamen und von der Paartherapeutin gefragt wurden, worum es gehe, sagte Karl nur trocken: »Meine Frau läuft …«

Der gute Stern

Wertvoll daran ist, dass Paare wie Karl und Marlene, die sich nicht einigeln und die ihre Liebe nicht allein aus der Zweisamkeit schöpfen, etwas Sinnvolles für den Erhalt ihrer Liebe tun und der Spannung in ihrem Paarsystem eine Chance geben. Etwas gemeinsam zu unternehmen und darauf zu achten, dass jeder Zeiten für sich hat, ist klug und erfrischt und regeneriert die Paarbeziehung immer wieder aufs Neue. Es sichert Lebendigkeit und Interesse und damit erhöhen sich Spannung und Erotik zwischen den Partnern. Der andere wird als autonomes Gegenüber wahrgenommen, der immer etwas Fremdes und Unberechenbares behält. Damit bleibt der Zauber, wie er in der Verliebtheitsphase am Anfang oft zu finden ist, auf viele Jahre erhalten und das Paar empfindet auf lange Sicht Anziehung und Freude im Zusammensein.

Dafür haben Marlene und Karl immer gut gesorgt und wurden als Paar auch von der Außenwelt als nachahmenswertes Modell wahrgenommen, was auch für ihr Selbstwertgefühl gut war. Marlene musste nicht alles für Karl sein und außerhalb der Beziehung gab es auch für sie genügend Quellen, aus denen sie Anerkennung und Bestätigung beziehen konnte. Somit überforderte keiner den anderen in der Erwartung, füreinander emotionaler Halt, Feedbackgeber oder Unterstützer zu sein. Jeder blieb immer unabhängig und frei und jeder blieb darin er selbst. Das gab beiden die Sicherheit, sich einander in diesem Maße anzuvertrauen und sich an den anderen zu binden. Eine mögliche Trennung wäre mit einem solch hohen Grad an Autonomie zudem leichter zu verkraften.

Kurzum: Die Verbindlichkeit einer Paarbeziehung ängstigt keinen, sondern wird damit erst möglich!

Wenn der Stern vom Himmel fällt

Warum ist es doch anders gekommen? Nun, ein zu großes Aktivitätsprogramm führt auf Dauer dazu, dass das Paar sich als Paar verliert. Ständige Unternehmungen lenken ab und verhindern echte Begegnung mit tiefer, innerer Beteiligung. Diese wird nur möglich, wenn ich mich dem anderen ganz offenbare und ihn ganz in meinen Blick nehme. Dann kann ich mich mit meinem Herzen öffnen, zeigen, wie ich bin, und dem Partner damit das Kostbarste anvertrauen. Darin besteht auch der Unterschied zu anderen Personen, die ich mag oder sympathisch finde: Ich teile mit meinem Partner etwas, was ich sonst mit niemandem teile, etwas, was dem Bereich der Intimität zuzuordnen ist und weit über sexuelle Körperlichkeit hinausgeht. Dies benötigt Zeit und Raum, die ich gegen alle anderen Verlockungen schützen muss. Durch ein gemeinsames »Aushalten« – denn so hätten es Marlene und Karl empfunden – von Nähe und Bindung könnte sich aber auch beiden etwas offenbaren, was sie weder von sich noch vom anderen wissen oder kennenlernen wollen.

Mut zur Begegnung

Deshalb braucht eine solche Qualität der Begegnung vom Ich zum Du viel Mut. Dieser Schritt ist von Gefühlen der Angst begleitet – eine Angst, die sich Karl und Marlene nicht eingestehen konnten, denn Angst ist ein Gefühl von Schwäche und diese wiederum war für beide immer ein Tabu. Sie betonten absichtlich Stärke, Gelassenheit und Souveränität, was sich auch in ihrer Sportbegeisterung und durch die große positive Resonanz in ihrem Freundeskreis bestätigte und sie festigte. Dieser gemeinsame Nenner, der wie ein Verhaltensmuster betrachtet werden kann, war für beide eine Lösungsstrategie, um sich zu schützen. Da beide in ihrer

Kindheit mit Schwäche und Schwachsein schlechte Erfahrungen gemacht haben, bedeutete Autonomie und Stärke für sie ein sicherer Schutz vor der wiederholten Erfahrung, einer unerträglichen Situation ohnmächtig ausgeliefert zu sein.

Karl und Marlene waren zunächst mit der unbewusst verfolgten Leitidee »Bei uns wird es nie langweilig« zufrieden, bis sich ihre Lebenssituation veränderte und nach und nach bei beiden ein Gefühl der Leere eintrat. Karl sehnte sich nach mehr Innigkeit in der Begegnung mit Marlene und verweigerte zunehmend, ihren Aktivismus zu teilen. Marlene wiederum empfand seinen Rückzug als Entwertung ihrer Person und Einschränkung ihrer Freiheit.

Kurzum: Echte Begegnung als Mann und Frau sowie entschlossener Schutz der Zweisamkeit waren von Anfang an auf der Strecke geblieben. Aktivität hatte die Beziehung zwar lebendig gehalten, aber nur äußerlich stabilisiert, während sie innerlich ausgetrocknet war.

Wie unser Stern auch in Zukunft leuchten kann

Wenn es uns als Paar ähnlich ergeht, ist es zunächst wichtig, einmal innezuhalten und sich Zeit zu nehmen für eine genaue Analyse, die Antwort auf folgende Fragen geben sollte: Wie zufrieden sind wir als Paar mit unserer Zeiteinteilung, unseren Aktivitäten, Zeiten der Ruhe und Erholung sowie Zeiten für uns als Paar, ganz ohne andere? Findet unser Paarleben immer auf einer Bühne oder vor einer Kulisse statt? Gab es am Anfang Zeiten ausschließlich für uns als Paar, oder waren wir schon immer von äußeren Aktivitäten abhängig? Woher beziehen wir unseren Halt? Stammt er einzig aus gemeinsam Erlebtem und daraus, dass bei uns immer etwas los ist – oder auch aus unserer Herzensbegegnung, wenn wir uns einander so zeigen, wie wir sind?

Echte Nähe zulassen ist ein Lernprozess

Außerdem empfehle ich solchen Paaren eine Analyse der Paarkommunikation, aber nicht im Sinne von »Was wird besprochen und wie oft?«. Sie sollten sich vielmehr folgende Fragen stellen: Reden wir über und von uns und teilen wir uns dem anderen mit, wie es uns gerade geht? Oder reden wir hauptsächlich über Dinge, die es zu erledigen, zu planen und zu absolvieren gibt? Reden wir viel über andere und anderes oder nehmen wir uns Zeit und beschäftigen uns mit Fragen wie: »Wie fühle ich mich zur Zeit, in meinem Leben mit dir, mit dem, was ich tue, und was beschäftigt mich gerade?«, »Welche Träume tauchen manchmal auf und welche Sehnsüchte?«, »Was macht mir manchmal Mühe oder gar Angst, und wo schütze ich mich und wie?« Gibt es Abende, an denen wir solche auf das Du ausgerichteten Gespräche miteinander führen und an denen es keinen Programmpunkt gibt?

Und ganz wichtig ist dabei: Hört mein Partner mir zu und interessiert er sich für mein mutiges Berichten aus meiner Innenwelt, zu der mir selbst der Zugang oft fehlt? Können wir beide vertraute Helfer werden, die neben der Kunst, die Leichtigkeit zu leben, auch Nähe aushalten und Innigkeit zulassen?

Wenn aktives Engagement in Vereinen zur eigenen Familienkultur gehörte und es bereits in der Herkunftsfamilie üblich war, dass Aktivitäten im Verein das ganze Jahr hindurch entscheidend den Alltag mitprägten, dann fällt eine Abgrenzung von diesem Lebensbereich besonders schwer. Dennoch ist sie nötig, wenn die Familienphase beginnt, da das Leben anstrengender wird und die Partner mit Kraft und Zeit sorgsamer haushalten müssen. Oftmals ist das Reduzieren oder gar Aufgeben solch altgewohnter Verpflichtungen noch einmal ein Abschied für sich.

Den Stern wiederfinden

Anregungen zum Nachdenken und gemeinsamen Reflektieren:

- Denken Sie gemeinsam darüber nach, welchen Stellenwert Aktivitäten in Vereinen und Freundeskreisen in Ihrem Leben haben und warum diese so wichtig sind. Vielleicht stammen sie noch aus der Zeit, als Sie Single waren und als Mitgliedschaften in Vereinsgruppen den Großteil des eigenen sozialen Netzwerkes ausmachten. Dort bekamen sie als junger Erwachsener die nötige Anerkennung und das Gefühl von Zugehörigkeit, dort war gesichert, dass Wochenenden nicht einsam und allein verbracht werden mussten, und dort wussten Sie, dass Sie einen wichtigen Platz einnehmen und in der Regel von vielen geschätzt werden. Dagegen ist doch nichts einzuwenden, werden Sie sagen. Ist es auch nicht! Aber sobald eine verbindliche Paarbeziehung hinzukommt, ist es wichtig, die Balance neu zu finden und die Gruppenrolle in ihrer Quantität zu reduzieren, damit es auch für die Partnerrolle genügend an Kapazität und Zeit gibt.
- Überlegen Sie, wann Sie das letzte Mal gemeinsam Zeit ohne andere Freunde oder Bekannte verbracht haben. Vielleicht bemerken Sie es gar nicht, aber Ihr Partner spürt umso deutlicher, dass die Qualität des Kontaktes sich ändert, wenn Sie nur zu zweit sind, und dass Sie vielleicht bestimmte Themen und intensive Nähe vermeiden, wenn immer andere dabei sind.
- Prägungen aus der eigenen Geschichte
  Erinnern Sie sich daran, welche Paarmodelle Sie als Kind zur Verfügung hatten. Waren Ihre Eltern auch immer beschäftigt und selten innig? Haben Sie vielleicht als Kind erlebt, dass Nähe auch »gefährlich« sein kann, wenn zum Beispiel die Mutter sich bei ihrem Sohn emotionale

Unterstützung holte, weil ihre Ehe nicht glücklich war? Dann ist es verständlich, dass Sie nun als Erwachsener lieber auf Nummer sicher gehen und Abstand bevorzugen. Kontinuierlich ein Aktivitätsprogramm am Laufen zu halten, kann eine Form der Lösung sein, dass die emotionale Überforderung von damals sich nicht mehr wiederholt. Oder Sie waren als Tochter die Vertraute des Vaters und haben gelernt, dass sie ihn aufmuntern können, wenn Sie immer viel an ihn herantragen, ihn faszinieren durch Geschichten oder einen beeindruckenden Freundinnenclan, der die trübe Stimmung im Elternhaus vertreiben hilft. Damit haben Sie damals den Vater »fröhlich« gestimmt und so setzt sich das Verhalten im Erwachsenenalter fort. Nach dem Motto: »Wenn ich darauf achte, dass in unserer Beziehung immer viel los ist, dann überlebe ich hier emotional und bin auf der sicheren Seite.«

- Machen Sie sich klar, was Sie in Bezug auf Ihre Partnerschaft manchmal vermissen und wo und in welchem Zusammenhang Sie es zu wenig wagen, Ihrer Beziehung Priorität einzuräumen. Vielleicht sehnen Sie sich danach, sich einmal ganz ohne Anstrengung in ein emotional sicheres Beziehungsnest fallen zu lassen – ohne dass es dazu so sehr eines Kraftaktes bedarf. Eine druckfreie Zone um uns herum zu errichten, die wir schützen und pflegen, könnte dem Liebesstern seine Strahlkraft geben. Was meinen Sie?

Konkrete Tipps aus der Sternwarte

- Verlieren Sie sich nicht in blindem Aktionismus, sondern richten Sie Zeiten im Wochenplan ein, an denen es einen explizit reservierten Paarabend oder -morgen gibt.
- Achten Sie darauf, dass es auch Paarinseln ohne Programm gibt, an denen Sie sich gegenseitig erzählen, wie es Ihnen zurzeit geht. Dazu eignet sich als Gesprächsritual das Zwiegespräch (nach Michael Lukas Moeller, 1997) oder folgendes, daran angelehntes Ritual: Die Partner erzählen im Wechsel jeweils eine Viertelstunde lang von sich. Der jeweilige Zuhörende teilt dem anderen im Anschluss daran mit, wie er das Gehörte aufgenommen hat, was ihm daran gefällt, was ihn berührt und welche Fragen er dazu hat. Jeder ist an seinem Gegenüber interessiert und nimmt sich Zeit, genau und behutsam herauszufinden, was ihn bewegt. Die Regelmäßigkeit hilft, auch längere Zeiten des Beschäftigtseins mit der Alltagsorganisation zu überbrücken. Es gibt diesen sicheren Landeplatz für dich und mich und damit kann in der Zwischenzeit auch eine Weile der persönliche Kontakt fehlen.
- Grenzen Sie sich gegenüber Anfragen von außen zu Unternehmungen und anderen Freizeitplänen ab. »Nein, wir haben heute Abend keine Zeit« ist ein starker Satz, wenn man weiß, dass der Grund für die Absage ein versprochener Abendspaziergang zu zweit ist. Die Radtour durch Bayern mit den alten Kumpels absagen, wird erst mal schwerfallen, aber muss ich da jedes Jahr mit dabei sein? Oder kann es auch mal eine Pause geben und ich teste, wie stabil die Freundschaften sind, wenn ich mich mal ausklinke. Auch Familienbesuche zu begrenzen ist ein mutiger Schritt. Paare verbringen an Feiertagen oftmals sämtliche freie Tage auf den Sofas von geliebten Tanten, redseligen Onkeln, Omas und Opas. Keinem

wird die Absage zugemutet, um nicht zu kränken, doch für Sie als Paar ist es oftmals mehr Pflicht als Lust. Erholung zu zweit daheim wäre vielleicht das passendere Programm. Trauen Sie sich zu, der Familie abzusagen, indem sie es damit begründen, dass Ihnen Zeit zu zweit fehlt und dass diese Ihnen wichtig ist. Damit irritieren sie sicherlich auch, aber vielleicht sind einige sogar von Ihrer vorausschauenden Klugheit beeindruckt.

- Beziehen Sie den Partner in die Entscheidung mit ein, anstatt ihn nur darüber zu informieren, was Sie wann mit wem unternehmen werden. Drei Grillpartys am Wochenende sind zu viel und mitten in der Geburtstagsfeier zu gehen, um noch auf einer Vernissage mit dabei zu sein, erzeugt mehr Stress als Genuss.
- Reduzieren Sie Vereinsaktivitäten oder geben Sie diese für eine gewisse Zeit auf. Wenn Sie dort »Ihre Jahre« geleistet haben, können auch mal andere das Amt übernehmen. Klar macht es keiner so gut wie Sie (Achtung, Falle!). Dennoch können Sie mit reduziertem Engagement Ihre Zugehörigkeit erhalten und angemessen an die jetzt zur Verfügung stehende Zeit und Kraft Ihre Interessen pflegen.
- Machen Sie vorsichtige Schritte auf den anderen zu. Spüren Sie zum Beispiel, wie es ist, sich auch mal schwach und abhängig zu fühlen und vom anderen versorgt zu werden. Das lässt sich gut üben, wenn einer der Partner krank ist und sich helfen lassen muss. Damit gestatten wir unserem Partner einen Blick hinter unsere starke Fassade und lassen endlich das zu, wonach sich viele autonome Paare in der Tiefe ihres Herzens sehnen: geliebt und angenommen zu sein in ihrer Stärke und Schwäche, in ihrer Aktivität, aber auch dann, wenn sie keine Höchstleistung erbringen.

7

»Du musst doch spüren, was ich brauche«

Paare, die diesem Leitstern folgen, leben in einer fast symbiotischen Beziehung und haben hohe Erwartungen an das Einfühlungsvermögen ihres Partners. Der heiße Tee kommt ohne Aufforderung, und ungefragt nimmt mir mein Partner die Suche nach einem geeigneten Arzt ab. Solche Paare sind sehr romantisch veranlagt, da sie am Anfang das fantastische Erlebnis verzaubert hat, dass der Partner immer im rechten Moment gespürt hat, was der andere braucht und was ihm fehlt. Im Alltagsstress geht diese Sensibilität für den Partner verloren, bleibt aber als Anspruch bestehen und wird dadurch zur Überforderung. Tiefe Enttäuschungen sind die Folge. Falsches oder fehlendes Erfühlen der jeweiligen Bedürfnisse wird als Verletzung der Person und als Verrat an der Liebe erlebt.

Die Geschichte

Gerda wohnte im gleichen Haus wie Joachim, in der Studenten-WG im Dachgeschoss, während er sich eine kleine Wohnung darunter mit seinem Freund Detlef teilte. Als sich die beiden kennenlernten, schrieb Joachim an seiner Magisterarbeit für Erziehungswissenschaft, Gerda vertrieb sich als Studentin im zweiten Semester im Universitätstrubel noch etwas orientierungslos die Zeit. Sie hatte sich für Ethnologie und Germanistik eingeschrieben, weil ihre Eltern ein weiteres »Gammeljahr«, wie sie es nannten, nicht duldeten. Sie lief Joachim einige Male im Treppenhaus über den Weg, bevor sie sich auf einer der regelmäßig und ausgiebig gefeierten Hauspartys dann näher kennenlernten und ineinander verliebten. Sie hatten lange stumm nebeneinandergestanden und die anderen beobachtet. Gerda fühlte sich mit Joachim auf Anhieb vertraut und beide benötigten kaum Worte, um sich verständlich zu machen. Vieles geschah intuitiv und zur gleichen Zeit und das faszinierte beide. Ein unsichtbares Band schien sie zu verbinden.

»Joachim spürt immer, was ich brauche«, schwärmte Gerda ihrer Freundin am Telefon vor. Joachim wiederum, der die Magisterarbeit eher zögerlich anging und seine Mühe damit hatte, die nötige Disziplin dafür aufzubringen, genoss es, jetzt von Gerda darin so einfühlsam unterstützt zu werden. Sie ordnete für ihn den chaotischen Männerhaushalt, massierte seinen Nacken, wenn er müde war, tat alles, damit er in Ruhe schreiben konnte, und sorgte für Ablenkung, wenn er nicht mehr weiterwusste und an sich zweifelte. Sie verbrachten viel Zeit im Bett, frühstückten lange und machten gern Spaziergänge in der Natur, die sie in aller Stille genossen. Jede freie Minute verbrachten sie zu zweit. Sie fühlten sich eins miteinander und waren glücklich.

Dann wurde Gerda schwanger, aber sie verlor das Kind im vierten Monat. Beide waren wie gelähmt, sie beerdigten das Kind und trauerten sehr um diesen Verlust. Joachim trat seine erste Stelle als Lehrer in einer anderen Stadt an und Gerda brach ihr Studium ab, um dort eine Ausbildung als Physiotherapeutin zu beginnen. Kurz darauf wurde Gerda wieder schwanger und sie heirateten. Gerda konnte dennoch ihre Ausbildung beenden, da ihre Mutter den kleinen Lukas betreute. Sie hatte gerade in einer Krankengymnastikpraxis zu arbeiten begonnen, da stellte sie eine erneute Schwangerschaft fest. Es war eine komplikationsreiche

Zwillingsschwangerschaft und Gerda musste infolgedessen bis zur Geburt viel liegen. Joachim hatte kurz zuvor sein Deputat erhöht, war nun seltener daheim und konnte Gerda weniger zur Seite stehen. Im Laufe der Zeit fühlte sich Gerda von den hohen Anforderungen des Alltags überfordert. Sie fühlte sich aber auch im Stich gelassen, was sie Joachim immer wieder in vielen Vorwürfen mitteilte: »Du nimmst mich nicht wahr und siehst überhaupt nicht, was ich alles für dich tue.« Oft endeten solche Auseinandersetzungen damit, dass sie in Weinkrämpfe ausbrach und er sich beleidigt zurückzog. So endete die Kommunikation meist abrupt und ihre Beziehungsqualität verschlechterte sich zusehends. Joachim bemühte sich immer wieder, Gerdas Wünsche wahrzunehmen und zu erfüllen, so gut er konnte. Aber es genügte häufig nicht. Gerda bekam auch auf offener Straße Wutanfälle, wenn etwas nicht so lief, wie sie es sich vorstellte. Einmal warf sie sich in einem Kaufhaus der Länge nach hin und trommelte mit den Fäusten auf den Boden. Der fünfjährige Lukas stand daneben und Joachim fühlte sich völlig ohnmächtig. Er wollte so etwas nie wieder erleben und sorgte sich sehr wegen der Belastung der Kinder.

Die Zwillinge Lea und Hanna waren gerade zwei geworden, da entdeckte Gerda, dass Joachim seit vier Monaten ein Verhältnis mit Sabine hatte, die gelegentlich als Chorleiterin an seiner Schule Musikprojekte durchführte. Joachim hatte bei Sabine das wiedergefunden, was ihn am Anfang mit Gerda verbunden hatte: Angenommensein, Sensibilität und befriedigenden Sex. Und das Wichtigste: Sabine spürte, was er brauchte, ohne endlose Streits. Er zog schließlich aus der ehelichen Wohnung ins Souterrain und vereinbarte mit Gerda eine Phase der Distanzierung, innerhalb derer sie eine Beratung durchführen wollten und keiner eine endgültige Entscheidung über ihre Beziehung fällen sollte.

Der gute Stern

Wertvoll daran ist, dass Gerda und Joachim sich über lange Zeit auf ihr Spüren und ihre Empfindsamkeit füreinander verlassen konnten, diese geradezu kultivierten und damit eine Tiefe von einzigartiger emotionaler Intensität entstehen konnte. Sie beherrschten eine Kunst, die nicht allen Menschen zugänglich ist. Sie verstanden sich oft wortlos und erfuhren damit in ihrer Partnerschaft eine unverwechselbare Atmosphäre des harmonischen Zusammenseins. Ihr Wir-Gefühl wurde gestärkt und der innere Kern der Beziehung genährt. Sie versorgten gegenseitig behutsam ihre kindlichen Bedürfnisse nach Angenommensein und Wahrgenommenwerden. Somit heilten sie einander ihre seelischen Wunden aus der Kindheit, denn beide hatten aus unterschiedlichen Gründen wenig emotionale Resonanz seitens ihrer Eltern erfahren. So fühlten sich beide auch auf der Ebene ihrer existenziellen Bedürfnisse verstanden und geliebt.

Dies war eine gute Basis, um Krisen gemeinsam zu überstehen und auch emotional durchzustehen, ohne sich Verletzungen zuzufügen (wie dies sonst häufig in diesem Zusammenhang geschieht). So waren sie fähig, nicht nur die Prüfungszeit von Joachim gut zu bewältigen, sondern auch den Verlust ihres ersten Kindes gemeinsam zu betrauern und mit diesem schmerzlichen Abschied sensibel umzugehen.

Wenn der Stern vom Himmel fällt

Dass es doch anders gekommen ist für Joachim und Gerda, als sie es sich erträumt hatten, könnte an folgenden Faktoren liegen: Sie lernten sich in der Studentenzeit kennen, in einer Lebensphase, welche vergleichsweise von viel Freiheit und Lust geprägt ist. Hier bekam ihre Liebesbeziehung genügend Raum und Zeit, um sich mit der oben charakterisierten Feinheit und Sensibilität für den anderen zu entwickeln. Die gemeinsam durchlittenen Krisen ganz am Anfang ihrer Beziehung bewältigten sie mit inniger gegenseitiger Anteilnahme und stillem Einverständnis, was ihr Vertrauen in ihre gute Intuition bestätigte. Sie bewahrten sich lange den Glauben, dass der eine in den meisten Fällen spüren würde, was der andere brauchte, und folgten damit unbewusst dem Leitsatz, dass daran das Maß ihrer Liebe zu messen sei. »Wenn du nachvollziehen und spüren kannst, was ich brauche, dann liebst du mich wirklich.« Oder als Gegensatz dazu: »Wenn ich erst sagen muss, was ich möchte, dann erfüllst du nur eine Erwartung von mir und ich weiß nicht, ob du es wirklich so meinst, das heißt, ob du wirklich mich meinst!«

Im Alltagsstress ist das Einfühlen schwerer

Als die Familien- und Berufsphase begann und die Regelung des Alltags damit weitaus mehr an Aufmerksamkeit und Kraft erforderte als zuvor, blieb für das Paar nur noch wenig Zeit übrig. Die Qualität ihrer Begegnung wandelte sich. Jetzt standen Themen des Alltags an, die es zu klären und zu regeln gab. Sich und den anderen zu spüren war kaum noch möglich. Da Gerda und Joachim aber gerade in dieser belastenden Kleinkindphase, die zugleich Berufsaufbauphase war, voneinander noch mehr Aufmerksamkeit erwarteten, sich diese aber jetzt erst recht nicht geben konnten, entstanden große Enttäuschungen.

Aus Gerda brach von da an immer häufiger tiefer Schmerz, der zusätzlich aus Enttäuschungen und Verletzungen in ihrer Kindheit genährt wurde, den sie aber Joachim in die Schuhe schob. Gerda war als kleines Kind viel alleingelassen worden, da die Eltern ein eigenes Bekleidungsgeschäft hatten und wenig Zeit für sie übrig blieb.

Joachim fühlte sich jedoch völlig überfordert und zog sich aus Schutz zurück, wenn er lange genug versucht hatte, es Gerda recht zu machen. Er distanzierte sich auch deshalb, weil Gerda ihn durch ihre ungezügelten Wutausbrüche mit traumatischen Erfahrungen aus seiner Kindheit konfrontierte. Er hatte lange unter seinem aggressiven Vater gelitten und wollte nie wieder die Ohnmacht aushalten müssen, die er erleben musste, wenn dieser ihn schlug.

Das Paar verlor seinen guten Kontakt und damit auch die Grundlage von allem, was es emotional zusammengehalten hatte, weil es sich nicht erlaubte, eine Art Entmystifizierung ihrer Beziehung zuzulassen. Denn so empfanden sie es, sobald sie dem anderen mitteilen mussten, was sie brauchten. Gerade das hätte aber vieles geklärt, erleichtert und viele schmerzliche Prozesse abgekürzt.

Auch wenn es unromantisch ist: Wünsche konkret benennen

Klare Absprachen, auch im emotionalen Bereich, hätten beiden geholfen, gerade in einer kritischen Lebensphase und unter andauerndem Stress das zu bekommen, was ihnen ein existenzielles Bedürfnis ist. Dies hätte auch beim Regeln der Banalitäten des Alltags geholfen: Gerda teilt Joachim explizit mit, welche Aufgaben im Haushalt er regelmäßig und nicht nur sporadisch übernehmen soll. Ebenso sagt Joachim Gerda, dass er sich mehr gemeinsame Zeit am Abend mit ihr wünscht, auch wenn nicht alles erledigt ist.

Sie hatten zu sehr an der romantischen Idee festgehalten, dass solche Wünsche ohne »(zer)störendes Reden« vom anderen erkannt und erfüllt werden müssten. Das Verhältnis von Joachim war Ausdruck der Beziehungskrise und zugleich ein Lösungsversuch, mit dieser zurechtzukommen. Angesichts der Drohung einer Trennung, die beiden damit bewusst wurde, konnten sie sich auf eine Beratung einlassen, in der sie lernten, dass ihre Leitidee so nicht aufrechtzuerhalten war.

Wie unser Stern auch in Zukunft leuchten kann

Wenn es uns als Paar ähnlich ergeht, könnte dies bedeuten: Wir müssen lernen, miteinander Themen anzusprechen, die wir für selbstverständlich halten, und wir müssen auch darauf vertrauen, dass dadurch nichts zerstört wird, sondern dass dies die Beziehung bereichert. Reden kann sehr entlastend sein und klare Absprachen sind im Beziehungsalltag meist eine große Hilfe. Damit Partner sich nicht gegenseitig zu sehr unter Druck setzen, rate ich, Wahrgenommenes zunächst als Vermutung zu formulieren und beim Partner nachzufragen, ob die jeweilige Einschätzung zutrifft. Der andere kann dann bestätigen, ergänzen oder korrigieren. Zum Beispiel: »Du wirkst niedergeschlagen auf mich, ist das so?« So fühlen sich die Partner nicht unter Druck, immer alles richtig erfühlen zu müssen, und schützen sich insbesondere in Stresssituationen vor unnötiger Zusatzbelastung.

Außerdem ist es für beide sehr wichtig, sich nicht in folgender oder ähnlicher Weise Vorwürfe zu machen: »Wenn du mich wirklich liebst, solltest du doch spüren, was mir dieser Urlaub bedeutet!« Oder: »Du musst doch wissen, dass ich empfindlich reagiere, wenn du deine Elternbesuche immer innerhalb unserer gemeinsam geplanten Zeit erledigst.«

Auch wenn es am Anfang sehr schwerfällt, ist es doch unabdingbar, sich von der Ideologie zu verabschieden, dass nur eine stillschweigende Übereinkunft den Grad der wahren Liebe ausmacht. Es hat nämlich durchaus einen Wert, wenn beide nach einem ausführlichen Gespräch die Erwartungen des Partners besser einschätzen können. Bedürfnisse müssen zeitnah und möglichst konkret formuliert werden, damit unausgesprochene Wünsche sich nicht zu sehr ansammeln und der Ärger über deren Nichterfüllung sich plötzlich entlädt. Kein Partner hat das Recht darauf, vom anderen zu erwarten, dass er seine innigsten Wünsche immer sofort wahrnimmt. Er sollte auch keinesfalls Handlungen und Gesten entwerten, nur weil er den Partner explizit darum gebeten hat. Wenn beide lernen, faire Kompromisse einzugehen, können Wünsche erfüllt, Erwartungen begrenzt und Enttäuschungen vermieden werden.

Ausdrücken, welches mein Bedürfnis ist, schafft Orientierung für den Partner

Paare, die sich in der Anfangsphase auch ohne viele Worte verstanden haben, müssen lernen zu akzeptieren, dass es in einer Paarbeziehung neue Entwicklungsphasen gibt, sei es durch eine größere Herausforderung im Beruf oder weil das Paar nun eine Familie ist. Möglicherweise gilt es auch, von einer Zeit Abschied zu nehmen, in der beide Partner viel Zeit und Ruhe miteinander hatten und sich vom Trubel der Welt zurückziehen konnten.

Wenn Paare ihre Anliegen angemessen und klar benennen können, entstehen auch wieder spontane Augenblicke des innigen Kontakts, die etwas von der Qualität des Anfangszaubers behalten haben. So lassen sich innerhalb eines durchorganisierten Alltags immer wieder herausragende Momente herstellen.

Kurzum: Paare, die gut spüren und klar reden, wirken ein wenig unromantischer, sind aber auf Dauer glücklicher!

Den Stern wiederfinden

Anregungen zum Nachdenken und gemeinsamen Reflektieren können sein:

- Verabschieden Sie sich von der Illusion, dass Ihr Partner auch in der Familienphase oder in anderen anstrengenden Lebensphasen dauerhaft und gleichbleibend sensibel Ihre Bedürfnisse erahnen, erfühlen und damit auch erfüllen kann. Unter Stress sinkt das Aufmerksamkeitsniveau für mein Gegenüber enorm. Ich muss zunächst mit mir selbst in einen einigermaßen guten Kontakt kommen, damit die Anspannung reguliert werden kann. Oft weiß man ja selbst nicht, dass der Körper gerade in Alarmbereitschaft ist. In der Bemühung, die Erwartungen anderer zu erfüllen und angemessen zu funktionieren, im Wunsch, die vorgenommenen Ziele pünktlich zu erreichen, und in der Hoffnung darauf, dass auch bessere Zeiten wiederkommen werden, halten wir irgendwie durch. Die Kleinkindphase ist hier die wohl größte Herausforderung. Wann sonst haben wir so wenig Zeit, unsere eigenen Bedürfnisse noch zu versorgen, wenn es jahrelang um die des Nachwuchses geht? Aber auch die Pflegezeiten der kranken oder gebrechlichen Eltern nehmen uns die Kraft, gut für uns selbst und gar den Partner zu sorgen. Viele Paare halten diese Zeiten tapfer durch und hoffen, dass ihre Liebesgefühle diese ebenfalls unbeschadet überstehen. Auch das Zusammentreffen mehrerer Stressoren zur gleichen Zeit wie zum Beispiel der Aufbau der beruflichen Selbstständigkeit parallel zum Hausbau, der Umzug in eine größere Wohnung parallel mit der Mehrarbeit durch die Erkrankung der Kollegin am Arbeitsplatz, der Countdown für die Abschlussarbeit zeitgleich mit der anstehenden Konfirmationsfeier schafft Distanz und Enttäuschung zwischen den Partnern. Ein Familienfest auszurichten ist für sich schon eine Herausforderung, die meist unterschätzt wird. Es werden ja viele kindliche Gefühle und Unsicherheiten geweckt, die Energie binden und ein freundlich-entspanntes Miteinander erschweren. Werden die Eltern wieder über den ungepflegten Garten meckern, sind die Geschwister pünktlich und machen wir keinen Fehler? Diese Beispiele zeigen, dass der Wunsch danach, in der aktuellen Belastung vom anderen »erkannt« und fraglos unterstützt zu werden, überhöht ist. Ich muss klare Mitteilungen machen wie: »Es ist mir gerade zu viel, ich bin an meiner Grenze und brauche jetzt mehr als sonst, dass zwischen uns ein freundlicher Ton herrscht.« Oder: »Ich kann dir momentan kein guter Partner sein, bitte sieh es mir nach, wenn ich in den nächsten Wochen vor allem nach mir schaue und mich nicht nach dir richten werde.« Und als tröstliche Perspektive wäre möglich: »Dafür gibt es dann bald einen Ausgleich, wenn wir im Sommer nach Frankreich fahren und uns wieder mehr einander widmen können. Bitte halte solange durch.«

- Reduzieren Sie Ihre Ansprüche an die Beziehung. Teilen Sie, was Sie mit dem anderen gut teilen können, und akzeptieren Sie, was er oder sie nicht leisten kann, und erkennen Sie so seine Grenzen an. Wenn er kein geduldiger Zuhörer ist, dann begrenzen Sie Ihre Redezeit. Wenn er aber ein wunderbarer Musikkenner ist, dann tauchen Sie mit ihm in die Welt der Klänge ein. Wenn sie keine belastbare Sportlerin ist, dann begnügen Sie sich mit kleinen Wanderungen auf sicheren Wegen, und wenn sie dafür aber mit Freude Galerien und Cafés besucht, dann folgen Sie ihr in ihre Welt. Wenn es bestimmte Themen gibt, die für Sie Reizthemen sind, dann sparen Sie diese diplomatisch aus und tauchen Sie in Gespräche ein, in denen Sie einander schon immer gefunden haben. Vielleicht gemütlich auf dem Sofa liegen und witzige CDs von geistreichen Kabarettisten anhören, dabei herzhaft miteinander lachen und sich wieder nah fühlen. Dann verkrafte ich es auch, dass der andere nicht immer spürt, was ich brauche.

- Lernen Sie, Ihre eigenen Verletzungen aus der frühen Biografie zu erkennen und von dem zu trennen, was gerade aktuell geschieht. Folgen Sie dabei der Logik: Auch wenn ich von meinen Eltern zu wenig Aufmerksamkeit und Einfühlung erfahren habe und darüber wütend bin, kann ich diese Wut nicht ungebremst an meinem Partner abreagieren, wenn er aus nachvollziehbaren Gründen keine Zeit für mich hat. Dieser Selbstklärungsprozess ist mit professioneller Hilfe in der Regel schneller und leichter zu bewältigen.

Konkrete Tipps aus der Sternwarte

- Wenn Enttäuschungen auftauchen, weil Ihr Partner Ihre geheimen Versorgungswünsche nicht mehr erfüllt, müssen Sie sich überwinden und in einem ruhigen Gespräch konkret Ihre Bedürfnisse und Wünsche formulieren. Eine Wunschbox kann hier als Hilfsmittel eingesetzt werden. Sie erhält zudem den Effekt der Überraschung und Spontaneität:
  Vorbereitung: Jeder hat ein Kästchen, das er mit kleinen Zetteln füllt, auf denen jeweils nur ein Wunsch steht, so zum Beispiel: »Bitte setze dich abends, wenn ich spät nach Hause komme, noch einige Zeit zu mir, auch wenn du mit dem Aufräumen noch nicht fertig bist.« Oder: »Bitte gönne mir nach dem Nachhausekommen eine halbe Stunde Musikhören. Ich nehme den Kopfhörer und danach treffen wir uns im Wohnzimmer zum Tee.« Oder:

»Bitte lass mich, nachdem die Kinder im Bett sind, eine Zigarette auf dem Balkon rauchen und dabei die Füße hochlegen, ich komme dann wieder rein und bin danach für dich da.« Dann verstaut jeder die Wunschzettel zusammengefaltet in der Box. Das praktiziert jeder Partner für sich, ohne dass es der andere mitbekommt. So bleibt eine gewisse Neugier erhalten und das ist bereits ein positiverer Affekt als Frust und Enttäuschung, weil der andere nicht von alleine darauf gekommen ist, was mir fehlt.
Umsetzung: Wenn ein Partner gerade überschüssige Kraft oder Aufmerksamkeit hat, dann angelt er sich einen Zettel aus dem Kasten des anderen, ohne dass dieser es bemerkt, und nimmt sich vor, diesen Wunsch in der nächsten Zeit sorgfältig zu beachten.
Es kann auch eine gemeinsame Box mit verschiedenfarbigen Zetteln verwendet werden.

- Sie können auch ein »Freude-Paar-Buch« anlegen. Hier geht es um die Anhebung des Niveaus positiver Rückmeldungen an den anderen. Wählen Sie ein hübsches Buch aus, das Sie an einem (wenn nötig kindersicheren) Ort deponieren, den Ihr Partner jedoch kennt. Wann immer es dem einen oder anderen Partner in den Sinn kommt, geht er zu diesem Buch und schreibt etwas hinein, worüber er oder sie sich gefreut hat. Etwas, was imponiert und gefallen hat. »Als du heute mit Hanna Hausaufgaben gemacht hast und ihr beide ohne einen einzigen Streit so gut in Kontakt wart, habe ich mich sehr gefreut.« Oder: »Als du gestern ganz ruhig reagiert hast, nachdem du entdecktest, dass ich den Teller zerbrochen hatte, war ich sehr erleichtert. Danke!« Oder: »Wie lieb von dir, dass du den Sperrmüll auf die Deponie gefahren hast, obwohl dein Tagespensum am Samstag schon riesig voll war.« Oder: »Obwohl du in diesen Wochen so müde und geschafft bist, kuschelst du dich abends an mich heran und zeigst mir, dass ich wichtig bin für dich. Das tut mir gut.« Wir haben oft Mühe im Alltag, den richtigen Moment für solche stärkenden Rückmeldungen zu nutzen. Wir haben auch eine gewisse Scheu, dieses zu formulieren und die richtigen Worte im richtigen Moment zu finden. Oft fehlt auch der Blick für all das, was da ist, und wir sind darauf geeicht, das zu kritisieren, was nicht gut läuft. Aber damit schaden wir doch immer nur wieder uns selbst.

Wenn Sie dieses Büchlein nicht verwaisen lassen, sondern mit Inhalten füllen, dann schulen Sie sich auch darin, ihre Aufmerksamkeit auf positive Ereignisse umzulenken, auf Momente, in denen der andere sehr aufmerksam war und ungeahnt sensibel zum Gelingen des gemeinsamen Lebens beigetragen hat. Indem wir also erwachsener mit den eigenen Wünschen umgehen, indem wir diese formulieren und dem anderen mehr nachsehen, wenn er nicht alles, was uns fehlt, sofort selbst erspürt, indem wir benennen, was uns mit dem Partner guttut und was uns freut, kann der Stern wieder aufsteigen und am Himmel weiterleuchten.

8

»Wir machen alles anders«

»Hauptsache anders« ist das Motto dieser Paare, die eine Menge Kraft und Energie verwenden, um ihren gemeinsamen Lebensentwurf möglichst unkonventionell zu gestalten: Wir heizen mit selbst geschlagenem Holz, verzichten aus Umweltschutzgründen auf ein Auto und nehmen dafür in Kauf, weniger flexibel und mobil zu sein. Wir machen alles aus eigener Kraft und wollen auf keinen Fall in den Genuss von Vorteilen durch andere kommen. Solche Paare sind zäh, ernsthaft und ausdauernd in ihrem Bestreben, einer nonkonformistischen Überzeugung zu folgen, um ein in ihren Augen besseres Leben zu führen als ihre Eltern oder andere. Nicht selten leben sie gesellschaftlich isolierter als andere Paare und fühlen sich nur unter Gleichgesinnten wohl. Die gemeinsame Ideologie verbindet beide Partner am stärksten und verschlingt zugleich viel Kraft, wenn nicht rechtzeitig eine notwendige Realitätsanpassung ihrer Vorstellungen vollzogen wird. Anstatt sich mit dem Beziehungspartner für diese neue Herausforderung zu verbünden, wird dieser mitunter zum Gegner und Zerstörer eines Traums, den beide einmal träumten und an dem die Liebe zerbrechen kann.

Die Geschichte

Stefan und Jana kannten sich schon eine Weile, bevor sie sich verliebten. Sie waren beide Mitglied einer ökologisch engagierten Gemeinschaft, die in Norditalien in einem abgelegenen Dorf in den Bergen ihren Sitz hatte. Dort waren sie sich hin und wieder in Ferienzeiten begegnet. Wann immer sie konnten, verbrachten sie mehrere Wochen in diesem abgelegenen und teilweise noch verfallenen Dorf, welches von Öko-Aussteigern aufgekauft und in mühsamer Arbeit wieder hergerichtet worden war. Für freie Kost und Logis konnte man dort die Ferien verbringen, sofern täglich eine bestimmte Stundenzahl an Arbeit geleistet wurde.

Stefan, von Beruf Schreiner, arbeitete sonst in einer kleinen Schreinerei, während Jana seit Verlassen des Gymnasiums viel herumgereist war und seit einem Jahr von Gelegenheitsjobs lebte. Beide fanden einander sympathisch und schätzten am anderen dessen Naturverbundenheit und unkonventionelle Lebensart. Sie verliebten sich, jedoch ohne dass sie dies den anderen wissen ließen. Stefan, der täglich ernsthaft Meditationsübungen praktizierte, war der Ansicht, dass die Liebe zu einer Frau ihn zu sehr von seinem spirituellen Weg abbringen würde. Und für Jana, die mittlerweile eine Erzieherinnenausbildung im Waldorfkindergarten machte, war Beziehung ohnehin ein wunder Punkt, denn sie hatte sich auf einer ihrer Reisen unglücklich in einen verheirateten Mann verliebt. So dauerte es ein Dreivierteljahr, bis sich Stefan und Jana wieder begegneten und schließlich ein Paar wurden. Sie träumten davon, in ihrem liebgewonnenen Bergdorf eines der verfallenen Häuschen zu renovieren und dort einmal zu leben.

Nachdem Jana ihre Ausbildung abgeschlossen hatte, ermöglichte eine unerwartete Erbschaft es dem Paar, diesen Traum zu realisieren, und Jana war überglücklich, mit Stefan in ihr geliebtes Dorf fernab von der zivilisierten Welt zu ziehen. Sie kauften ein recht baufälliges altes Bergbauernhaus, das weit oben am Hang lag, und renovierten es über mehrere Jahre mit hohem Einsatz und viel Verzicht, denn jeder Baustoff musste erst mit der Seilbahn nach oben geschafft werden. Sie brauchten für dieses karge Leben nur wenig Geld und so reichte Janas Erbe drei Jahre gut aus.

Sie fühlten sich wohl mit diesem ganz anderen Leben, das sich so sehr von dem unterschied, was sich ihre Eltern für sie gewünscht und vorgestellt hatten. Jana wurde schwanger und brachte eine Tochter namens Tara zur Welt. Stefan war oft mehrere Wochen unterwegs, um in der Stadt den nötigen Lebensunterhalt zu verdienen. Die Zeit verging und Tara musste in die Schule. Da ihr Einsiedlerleben sich mit einer schulpflichtigen Tochter immer schwerer realisieren ließ, entschlossen sich beide nach langem Ringen, wieder nach Deutschland zurückzukehren, und fanden in einer Hausgemeinschaft mit zwei befreundeten Paaren ein neues Zuhause.

Jana genoss nach Jahren der Einsamkeit zwar einerseits die Gemeinschaft, andererseits fand in ihrer kleinen Familie nur noch wenig Gemeinsamkeit statt. Zudem wurde das Paar oft ungewollt Zeuge von Beziehungskonflikten der anderen, die meist in der Küche ausgetragen wurden. Auch finanziell kamen sie kaum über die Runden, da ihr Einkommen gering war und weder Stefan noch Jana in einem rein auf Profit ausgerichteten Betrieb arbeiten wollten. Als eines der Freundespaare sich schließlich trennte und auszog, konnten sie die nötige Mietdifferenz nicht übernehmen. Mit einem fremden Paar wollten sie aber nicht so eng zusammenleben. Also mussten sie ebenfalls umziehen.

Ihre Eltern boten ihnen finanzielle Unterstützung an, aber sie wollten auf keinen Fall von ihnen abhängig sein und lehnten ab. Die Belastungen ihrer Lebensorganisation wirkten sich zunehmend negativ auf ihre Beziehung aus, sie hatten häufig Streit, was vor allem mit dem andauernden, unbefriedigenden Existenzkampf in Zusammenhang stand. Sie wohnten jetzt weit außerhalb der Stadt, in einer kleinen Wohnung, die sie sich gerade leisten konnten. Sie fühlten sich dort fremd und unwohl, da in ihrer nahen Umgebung nur sogenannte »angepasste Leute« wohnten, von denen sie sich lieber fernhielten. Gute Freunde oder Gleichgesinnte waren weit weg, so dass sie ganz auf sich gestellt waren. Da aber ihre Liebe infolge der heftigen Streitereien ziemlichen Schaden genommen hatte, entfernten sie sich auch innerlich voneinander.

Stefan verlangte, dass Jana wieder arbeiten sollte, aber sie fand keine geeignete Stelle, da die Kindergärten der Umgebung keine für sie akzeptablen pädagogischen Konzepte vertraten. Jana wiederum warf Stefan vor, er lebe in einer Scheinwelt, nehme sie nicht wichtig und setze sich nicht für ein besseres Leben ein. Stattdessen zöge er sich regelmäßig für mehrere Stunden auf sein Meditationskissen zurück und definiere diese Praxis als das einzig Wichtige für sein Leben. Die Situation spitzte sich zu, bis es auch zu tätlichen Übergriffen kam und sich Jana infolgedessen von Stefan trennte. Sie zog mit ihrer Tochter in eine andere Stadt, in der sie eine geeignete Stelle als Erzieherin in einem Kinderhaus gefunden hatte.

Der gute Stern

Was ist wertvoll am Leitstern »Wir machen alles anders«? An Stefan und Janas Geschichte wird erkennbar, dass sie in ihrer Begegnung außergewöhnliches Glück hatten, denn mit ihrer Besonderheit, nonkonforme Lebensvorstellungen zu verfolgen, waren sie nun nicht mehr allein. Die gemeinsame Vision verlieh ihrer Liebe eine besondere Kraft, und der Glaube an ein besseres Leben verband sie zusätzlich. Dies schaffte einen besonders intensiven Zusammenhalt und sie empfanden es wie ein seltenes Glück, im anderen den idealen Partner für ein abenteuerliches, mutiges Leben gefunden zu haben. Ihr Lebensmotto, sich zusammen gegen den Rest der Welt zu stellen, gab beiden aber auch Geborgenheit und Halt. Das Paar konnte sich mit einer solchen Einstellung einerseits von der Außenwelt isolieren, andererseits setzte der enge Zusammenhalt zugleich auch ungeheure Kräfte frei, denn es beflügelte ihren Schaffensdrang und entwickelte die Gewissheit, gemeinsam stark und unabhängig zu sein. Die Partner fühlten sich bereit, allen Widrigkeiten des Lebens zu begegnen. In gewisser Weise erhöhten beide damit auch den Wert der Partnerschaft auf ganz besondere Weise.

Wenn der Stern vom Himmel fällt

Warum es doch anders gekommen ist, könnte in folgenden Punkten begründet sein:

Für das Paar war es von Anfang an wichtig, anders zu sein als andere Paare und auf keinen Fall dem Klischee einer klassischen Paarbeziehung zu ähneln. Das ist insgesamt eine Energie raubende Angelegenheit, denn immer gegen den Strom zu schwimmen kostet viel Kraft. Kraft, die ihnen für die Bewältigung ihres Familienlebens, verbunden mit dem andauernden Existenzkampf, fehlte. Die Leitidee, »anders zu sein als die anderen«, zeigte sich zu Beginn ihrer Partnerschaft bereits dadurch, dass selbst das Eingeständnis, ineinander verliebt zu sein, beiden ausgesprochen schwerfiel. Die erste gemeinsame, als sehr glücklich empfundene Zeit in einsamer Abgeschiedenheit von der restlichen Welt lieferte ihnen den Beweis dafür, dass sie fähig waren, ihre Vorstellungen von wirklicher Begegnung und umfassender Liebe zu leben, ohne sich in Äußerlichkeiten zu verlieren.

Nicht so werden wie unsere Eltern – ein mühsamer Weg

Es verfestigte ihre Überzeugung, dass wahre Lebenserfüllung sich aus ganz anderen Quellen nähren sollte als nur aus bürgerlichen Werten und materieller Sattheit. Sie waren sich einig und fühlten hierüber eine innige Verbundenheit. In ihrer Bemühung, auf keinen Fall so zu werden wie ihre Eltern, die der Mittelschicht angehörten und in ihren Augen nach langer Arbeitsphase glücklos nebeneinanderher lebten, verausgabten sie sich völlig.

So wendete sich das Blatt, als der Lebensunterhalt wieder von ihnen selbst verdient werden musste und sie durch die Schulpflicht ihrer Tochter gezwungen waren, den paradiesischen Zustand des unabhängigen Lebens zu verlassen. Es kostete sie viel Kraft, sich in der ihnen so bürgerlich erscheinenden Umgebung, die sie im Grunde ihres Herzens ablehnten, wieder einzuleben.

Im Beruf hatten sie strenge Kriterien, nach denen sie ihre Stellen aussuchten, und die Wahl ihrer Kontaktpersonen folgte ganz bestimmten Prinzipien. Ihr Traum vom ganz anderen Leben ließ sich nicht umsetzen und beide machten sich dies gegenseitig zum Vorwurf, so, als sei das Scheitern eine Sache des anderen gewesen; als läge es allein am geringen Einsatz des einen oder an der chronischen Unzufriedenheit des anderen.

Jana spürte wohl schon nach einiger Zeit, dass sie sich einen finanziell potenteren Mann wünschte. Dies kollidierte jedoch derart mit ihrem bisherigen Lebenskonzept, dass sie sich dies nicht eingestand. Zwischen dem Festhalten an unrealistischen Ideen und dem unbewussten Wunsch nach einem Leben in Freiheit und der Natur zeigte sich die Diskrepanz zur harten Wirklichkeit. Das Paar verbündete sich hier nicht, um der neuen Herausforderung gemeinsam zu begegnen, sondern entfernte sich mit gegenseitiger Anklage und Enttäuschung.

Wie unser Stern auch in Zukunft leuchten kann

Wenn es Ihnen als Paar ähnlich ergeht, können folgende Überlegungen nützlich sein:

- Neue Phasen des Erwachsenenalters bringen meist veränderte Prioritäten mit sich. Paare mit großem Autonomiebestreben, wie es bei Jana und Stefan der Fall ist, sollten sich gegenüber diesen lebenszyklischen Entwicklungen Offenheit bewahren: Was mir als 20-Jährigem immens wichtig war und als Anti-Haltung meiner Ablösung vom Elternhaus diente, muss ich nicht noch (krampfhaft) verfolgen, wenn ich bereits 40 oder älter bin. Paare können hier einander gute Ratgeber und Seismographen dafür sein, wann zum Beispiel eine unkonventionelle Alltagsregelung überholt ist, da der Effekt und die dafür verwendete Kraft nicht mehr in einem vernünftigen Verhältnis zueinander stehen. Zum Beispiel macht es keinen rechten Sinn, auf dem Land zu wohnen und fernab der Infrastruktur noch immer als Autogegner zu existieren, vor allem dann nicht mehr, wenn es kleine Kinder zu versorgen gibt.
- Das Paar müsste abwägen, ob der Preis des Gegenhaltens gegen die Außenwelt nicht doch zu hoch wird. Es wäre hilfreich zu erkennen, dass sich Werte lebenszyklisch bedingt auch verändern können und dass sie sich diesem natürlichen Prozess mit angemessen Schritten anpassen können. Dies bedeutet jedoch nicht, von nun an ein komplett angepasstes Leben zu führen, aber ein Kompromiss wäre wohl nötig, um in der Paarbeziehung Stress zu reduzieren.
- Dieser Stress wurde in der zuvor zitierten Geschichte von beiden unterschätzt. Stefan hätte es zum Beispiel auf sich nehmen müssen, sich beruflich neu zu orientieren, auch wenn er dadurch in einem Betrieb hätte arbeiten müssen, der ihm nicht hundertprozentig gefällt. Dafür

hätte er aber eine geregelte Arbeit, einen besseren Lohn und damit eine solidere Lebensgrundlage geschaffen. Gleiches gilt für Jana. Der Existenzdruck hätte für beide etwas nachgelassen und damit auch ihre Beziehung entlastet.

- Konkret hätten Jana und Stefan der Situation auch dadurch begegnen können, dass sie in der schwierigen Übergangsphase auch mal elterliche Unterstützung annehmen. Ihre Sehnsucht nach Freiheit und Abenteuer hätten sie dafür dort ausleben können, wo es ihrer Paarbeziehung nicht schadet, zum Beispiel in Form von Urlauben im VW-Bus mit wildem Campen, kleineren Wochenendtouren ins nahe gelegene Gebirge mit Zeltübernachtung oder Ähnlichem. So wäre der Paarbeziehung ein neuer Zusammenhalt verschafft worden, indem beide sich angesichts der zu bewältigenden Herausforderungen miteinander verbünden und gemeinsam die Hürde nehmen, anstatt sich gegenseitig dafür verantwortlich zu machen, dass nichts mehr so ist, wie sie es sich vorgestellt hatten. Sie hätten sich von dem gemeinsamen Traum vom ganz anderen Paarleben in seiner gewünschten Vollkommenheit verabschieden müssen, ihn aber in kleinen Teilen, der aktuellen Lebenssituation angemessen, weiterhin leben können. Somit wäre er ihnen in reduzierter Form erhalten geblieben und sie hätten ihm beziehungsweise sich als Liebespaar immer wieder Energie zugeführt.

Den Stern wiederfinden

Anregung zum Nachdenken und gemeinsamen Reflektieren:

- Überprüfen Sie hin und wieder Ihre Lebensphilosophien, von denen Sie überzeugt sind, dass sie Ihnen ein besseres

Leben ermöglichen, auf ihren Realitätsgehalt hin. Dabei gilt es, sensibel abzuwägen, ob das Festhalten an Unkonventionellem und der dafür benötigte Kraftaufwand in einem gesunden Verhältnis stehen und ob es noch zur aktuellen Lebenssituation passt. Wenn das Einkommen gering ist, muss ich mich in Hinblick auf meinen Lebenstraum neu arrangieren und andere Prioritäten setzen. Der Wunsch, dass die Kinder eine Privatschule besuchen, weil Staatsschulen per se abzulehnen sind, mag wohl legitim sein. Wenn es dann jedoch zur Folge hat, dass in der übrigen Lebensorganisation die finanzielle Knappheit Dauerthema ist und zum Kampfplatz für das Paar wird, weil es viel Streit darum gibt, wer wofür Geld ausgibt oder nicht ausgeben sollte, dann ist die Frage der Schulwahl neu zu stellen: »Können wir uns diese Schule eigentlich leisten?« Und wenn es unbedingt sein muss, können wir dafür in anderen Bereichen unseres Lebens jahrelangen Verzicht diesen Ausmaßes bejahen? Wenn nur Produkte aus dem Biohandel auf den Tisch dürfen und die nun mal teurer sind als andere, dann muss die Frage nach der Realitätsanpassung manchmal ebenso neu gestellt und starre Ideologien vom gesunden oder vermeintlich gesunden Leben müssen revidiert und modifiziert werden.

- Reflektieren Sie den Übergang vom Paar zur Familie bewusst und tragen Sie den notwendigen Veränderungen dieser neuen Lebensrealität Rechnung, denn Kinder haben andere Bedürfnisse als Erwachsene. Zum Beispiel können wir mit Campingurlauben im Zelt an romantisch-einsamen, aber sehr windigen Atlantikküsten der Nordbretagne und Skitouren im Hochgebirge warten, bis die Kinder größer sind, damit die Ferien nicht zur Überforderung aller werden und als reiner Horror in Erinnerung bleiben. Auch wenn es spießig erscheint, sind

Campingplätze eine gewisse Zeit die angemessene Alternative, da dort Warmwasserduschen, Spielplätze, Windschutz und Spielkameraden kindgerechte und damit für die Eltern erholsame Urlaubsfreuden sichern.

- Erwachsen sein heißt auch, etwas tun zu können, obwohl es die Eltern gut finden! Ergänzen Sie die meist äußerlich stattgefundene Ablösung von den Eltern durch eine innere. Dies erfordert häufig eine tiefere Auseinandersetzung mit der eigenen Kindheit und hat zum Ziel, sich mit dem, was es da auch an Schmerzlichem gab, auszusöhnen. Wenn ich das meiste ablehne, was im Leben meiner Eltern für sie wichtig war, weil ich immer noch innerlich in einer Art Rebellion gegen sie leben muss, dann werde ich auch Bereiche des eigenen Lebens boykottieren und mir damit den Alltag mehr erschweren als nötig. Wenn ich zum Beispiel die Angebote der Kinderbetreuung stets ablehne und Babysitter sparen will (oder muss), dann sind Inseln der Paarbeziehung und auch die eigenen Inseln schwerer zu pflegen. Viele Paare stellen im Rückblick fest, dass sie jahrelang kaum das Haus am Abend verlassen haben, weil sie ihre Kinder weder in die Betreuung anderer geben noch ihre Eltern fragen wollten. »Nein, meine Eltern verderben unsere Kinder nur, da gibt es zu viel Süßes und diese konservativen Rollenmuster drücken sie dann auch noch unseren Kindern auf. Nein, danke!« Weil der Vater seit eh und je ein Auto der Marke XY fährt, würden sie sich von ihm vorübergehend niemals das Auto leihen, wenn das eigene kaputt ist, da es gegen den Strich geht, diese Marke zu fahren. Weil Kontakte für einen Job über den Bekanntenkreis der Eltern laufen, lehnen sie ab, da man doch nicht wegen seiner Eltern den Zuschlag erhalten möchte, sondern weil man ausschließlich aufgrund seiner Fähigkeiten und Qualitäten »gewollt« sein möchte und aus keinem anderen Grund.

- Lassen Sie also das »Museum von Stolz und Anmaßung« für eine Zeit geschlossen und nehmen Sie das Leben etwas unvoreingenommener an. Schöpfen Sie die Möglichkeiten aus, die vorhanden sind und die es Ihnen und Ihrer Familie leichter machen statt schwerer, auch wenn die Träume zumindest teilweise verabschiedet werden müssen. Wenn es nicht ein Leben in der alten Olivenmühle in Südfrankreich und nicht das ungebundene, freie Leben als Biobauer im Südschwarzwald ist, dann vielleicht der wilde Schrebergarten am Ortsrand und der Wander-Kurzurlaub mit sicherer Erholung. Also in kleinen Stücken den kleinen Traum genießen und dafür in der Gesamtkonzeption des Alltags das Paar-und Familienleben vor chronischer Überforderung bewahren. Damit werden Sie auch innerlich freier und können den manchmal fast zwanghaften Anspruch aufgeben, sich komplett neu definieren zu müssen.
- Die Idee, alles anders zu machen als die Eltern, kann auch darin Ausdruck finden, dass dem alternativen Milieu des Elternhauses ein betont modernes, möglichst anstrengungsfreies Leben gegenübergestellt wird. Auch dies vollzieht sich mit gewissen zwanghaften Zügen nur mit umgekehrten Vorzeichen. Keine Secondhand-Kleidung und erst recht nichts ohne Markenname. Das Auto muss chic und neuwertig sein, die Wohnungseinrichtung ohne Naturholzmöbel, aber mit wertvollen Designerstücken gestaltet, die Arbeitsanstellung muss gehoben und die Ernährung ebenfalls anspruchsvoll sein. Paare finden sich im gemeinsam gewünschten Anspruch, »in« oder »cool« zu sein. Dieser geht damit einher, mit wenig Einsatz maximalen Effekt zu erzeugen und dabei lässig und nüchtern zu wirken. Auch hier gilt es, vom Extremen zum moderaten Lebensstil zu finden, sich mit kleinen Lösungen und unperfekter, ab und zu auch improvisierter Le-

bensgestaltung zu begnügen. Das Machbare also tun und das Unrealistische lassen.

Konkrete Tipps aus der Sternwarte

- Wenn Sie feststellen, dass der begonnene Lebensentwurf modifiziert werden müsste, und damit unabwendbar deutlich wird, dass Ihr gemeinsamer Lebenstraum irrational geworden ist, sollten Sie sich für die neue Aufgabe verbünden, anstatt sich gegenseitig für diesen schmerzlichen Verlust anzuklagen. Ein neues Ziel schafft dann eine neue Gemeinsamkeit, die das Paar mit vereinten Kräften angehen kann.
- Es kann hilfreich sein, die verschiedenen Lebensbereiche wiederholt aufzulisten und gemeinsam eine Energiebilanz durchzuführen, die sich immer an der Frage orientiert: Was kostet uns der Alltag an Zeit und Kraft und wie könnten wir es uns leichter machen? So widerspricht eine Festanstellung zwar Ihrem Freiheitsdrang, aber ein regelmäßiges Monatseinkommen entlastet und gibt Ihnen Freiraum, um andere Interessen und Fähigkeiten auszuleben.
- Schülerinnen als Babysitter leisten in Ihren Augen möglicherweise keinen pädagogisch einwandfreien Erziehungsbeitrag, aber der leistbare Stundensatz ermöglicht, dass wir auch mal als Paar einen Abend für uns haben, an lauen Sommerabenden auf den Berg fahren können, uns auf die Wiese legen und still die Sterne anschauen, wie einst. Auch die Verwandtschaft kann eine Ressource sein, die als Stützsystem hilfreich ist, wenn das Kind krank ist und der Kurzurlaub als Paar mal fällig ist. Man muss ja nicht ihre politischen oder moralischen Wertesysteme teilen und es tut der persönlichen Autonomie auch keinen Abbruch, ihre Hilfe anzunehmen.

- In der Familienphase mit etwas größeren Kindern können auch schon kleine Abenteuer die Sehnsucht nach Freiheit und Individualität erfüllen, indem Sie zum Beispiel das Abendessen in ein Picknick an einem heimeligen Waldspielplatz verwandeln oder die Übernachtung am Wochenende mit Schlafsäcken im Heuschober des Bauern planen.
- Auch der Anspruch, Spiritualität in den Alltag zu integrieren lässt sich umsetzen, ohne dass ein Partner die gesamte Freizeit in Abgeschiedenheit verbringen muss. In fernöstlichen Philosophien gibt es zahlreiche Hinweise dafür, dass sich tägliche Meditationspraxis nicht nur darauf beschränkt, auf dem Kissen zu sitzen. Stattdessen kann sie ins Leben integriert werden, indem die Kleinigkeiten des Alltags mit einer Haltung von Achtsamkeit und Gegenwärtigkeit verrichtet werden (hilfreiche Anleitungen finden sich hierzu in den Büchern von Thich Nhath Hanh). So gesehen ist der Anspruch auf ein spirituelles Leben auch dann lebbar, wenn ein ausgefülltes Familien- und Berufsleben zu meistern ist. Achtsamkeit kann überall und in jeder Situation praktiziert werden, beim Aufräumen der Kinderzimmer, beim Bügeln, beim Warten an der roten Ampel oder während ich das Auto poliere. Gedanken, die mich wegtragen, die ablenken, die mich belasten oder zerstreuen, gilt es zu stoppen, die Aufmerksamkeit auf die aktuelle Handlung zu lenken und diese mit vollem Gewahrsein und wacher Präsens auszufüllen.

  Achtsamkeitspraxis kann sich auch auf den Umgangsstil mit meinem Partner beziehen. Nehme ich wahr, wie es ihm gerade geht, und erkundige ich mich danach mit echtem Interesse? Bemerke ich die leere Teetasse und fülle sie ihm nach? Erinnere ich ihn an etwas liebevoll, wissend darum, dass er vergesslich ist, oder reibe ich ihm leicht genervt den produzierten Terminsalat oder die Hausschlüsselsucherei unter die Nase? Damit ist das Ziel von gelebter Spiritualität im Alltag konsequenter umgesetzt als durch die Teilnahme an einem mehrwöchigen Meditations- oder Yoga-Retreat im entlegenen Kloster, nach welchem der Transfer in die Lebensrealität noch zu leisten ist. Achtsame, »spirituelle« Handlung ist auch der verbale und nonverbale Kontakt mit dem Partner. Dieser bedeutet, dass freundliche und wertschätzende Kommunikation auch dann noch dominiert, wenn der Stresspegel steigt – nach dem Motto: »Schlechte Gefühle sind keine Legitimation für unhöfliches Verhalten.« Es gilt, emotionale Intensität so zu regulieren, dass in meinem Umfeld das Glück vermehrt und Leiden gemindert werden.

9

»Wenn ich materiell für alles sorge, dann muss die Liebe halten«, oder: »Wenn du mich materiell versorgst, dann werde ich glücklich«

Diese Vorstellung entspricht einem eher konservativen Paarmodell mit eindeutiger Rollenverteilung zwischen Mann und Frau. Hier hat der Mann die Leitidee verinnerlicht, dass die Schaffung materieller Sicherheit der deutlichste Ausdruck seiner Liebe sei. Er setzt deshalb alles daran, seinen beruflichen Weg so erfolgreich wie möglich zu verfolgen. Für die Frau bleibt die ebenso undankbare Rolle übrig, dem Mann den Rücken freizuhalten und ihn bei seinem täglichen Existenzkampf zu unterstützen. Das Paar lebt in zwei völlig verschiedenen Welten, die Frau in der Familie und der Mann in der Arbeitswelt. Oft geht die Liebe dann verloren, wenn die Frau immer unzufriedener über die mangelnde emotionale Beteiligung und physische Abwesenheit des Mannes wird und der Mann seinen Einsatz und den damit erzielten hohen Lebensstandard nicht gewürdigt sieht.

Die Geschichte

Sigmund wurde in den 1950er Jahren geboren und wuchs als Ältester von fünf Geschwistern auf. Sein Vater hatte seine Mutter verlassen, als er zwölf war, und er war Zeuge eines bitteren Existenzkampfes seiner Familie geworden, da der Vater sich nie mehr blicken und der Familie keinerlei finanzielle Versorgung zukommen ließ. Dies prägte in ihm die tiefe Überzeugung, seine zukünftige Frau auf Händen tragen zu wollen und ihr alles zu bieten, was sie brauche, um froh und glücklich zu werden. Diesem selbst auferlegten Rollenauftrag, den er in scharfem Gegensatz zum Verhalten des eigenen Vaters entwickelt hatte, entsprach Sigmund in allen Details. Er absolvierte eine kaufmännische Lehre und begann eines Tages mit der Geschäftsidee, einen Gebäudereinigungsbetrieb in einer ländlichen Gegend zu eröffnen. Ohne Startkapital und auf eigene Faust sowie mit unermüdlichem Arbeitseifer ermöglichte sich Sigmund seine berufliche Eigenständigkeit und wurde Unternehmer. In dieser Pionierphase arbeitete Rosmarie als neue Reinigungskraft mit und sie verliebten sich ineinander.

Der schüchternen Rosmarie imponierte es, wie Sigmund stark, zupackend und immer von Optimismus getragen die Dinge anging. Sie bekamen zwei Kinder und während Sigmund den Betrieb systematisch aufbaute und immer weiter expandierte, versorgte Rosmarie die beiden Töchter und erfüllte die Rolle einer in jeder Hinsicht wichtigen Stütze im Hintergrund. Ähnlich wie im Bild des amerikanischen Traums wuchs mit dem Fleiß der Erfolg und damit der Lebensstandard. Sigmund, der glaubte, allein deshalb ein guter Ehemann zu sein, weil er es geschafft hatte, sich und seiner Familie materiellen Reichtum in Fülle bieten zu können, fühlte sich damit als Mann potent und beziehungsstark. Großzügig erfüllte er seiner Frau alle Wünsche, vom teuren Auto bis zur Luxusvilla mit immer mehr Personal im Haushalt, damit es Rosmarie an nichts fehlte. Ihre Kinder waren mittlerweile groß und gingen selbstständig ihren Weg, so dass Rosmarie keine rechte Aufgabe mehr hatte. Sie wollte sich eigentlich beruflich weiterbilden, hatte aber dazu nicht genügend Antrieb. Sie hatte kleine Verantwortungsbereiche innerhalb des Betriebs übernommen, geriet hierdurch aber immer wieder mit ihrem Mann, der dann zugleich ihr Chef war, in Auseinandersetzungen, weil er ihre Arbeit als unzuverlässig ausgeführt beurteilte.

Rosmarie war trotz allem Wohlstand unglücklich, da zwischen ihr und Sigmund keine Wärme und Bezogenheit bestand, sondern die innere Leere mit äußeren Gütern kompensiert worden war. Sie wurde immer unzufriedener und kaufte am liebsten ein, oft Dinge, die sie nicht wirklich brauchte. Rosmarie erkrankte an einer Depression. Sie blieb oft bis mittags im Bett, war ungepflegt und beklagte sich bei ihren Kindern, dass Sigmund ihr nicht mehr den Zugang zu allen Bankkonten gewährte. Dieser wiederum war durch die Aufgaben seiner Geschäftsleitung stark eingespannt und fühlte sich in Bezug auf seine Partnerschaft völlig ohnmächtig, da er mit seiner bisherigen Art, diese zu gestalten (über rein materielle Versorgung) nun keinen Erfolg mehr hatte. Dagegen musste er erkennen, dass er eine unglückliche, unzufriedene, psychisch leidende Frau an seiner Seite hatte. Er war bemüht, den Schein einer guten Ehe nach außen zu wahren, was ihn viel Kraft kostete. Als er sich nicht mehr zu helfen wusste, suchte er in einer anderen Stadt eine professionelle Beratung auf.

Der gute Stern

Ein Paar wie dieses ist meist vom anfänglichen Pioniergeist in der Aufbauphase eines Geschäfts, welches obendrein kontinuierlich von Erfolg gekrönt ist, sehr beflügelt. Wertvoll an diesem Leitstern ist die klare Rollenaufteilung, bei welcher er die berufliche Karriere macht und den Lebensunterhalt erwirtschaftet und sie dafür Haus und Kinder versorgt, denn hier haben beide eine sichere Orientierung. Jeder macht seinen Job und es muss darüber nicht diskutiert werden, das vereinfacht einiges.

Da die Arbeit zumeist vom Mann als erfüllend und sinnvoll erlebt wird, bezieht er daraus einen Großteil an Bestätigung und Anerkennung. Damit reduziert sich insofern die Erwartung, von der Partnerin bestätigt werden zu müssen, was die Beziehung entlastet. Er hat den Rücken frei, kann Karriere und Kinder zugleich haben, da seine Partnerin ihm dies jahrelang ermöglicht, und genießt gesellschaftlich hohes Ansehen. Die Frau ist hingegen jeglicher Pflicht enthoben, sich im Arbeitsleben einen Platz erkämpfen zu müssen, und kann sich um den Preis der Abhängigkeit jahrelang bis ins Alter hinein materiell versorgen lassen – ein Wert, der bei der Gesamtbewertung nach dem Scheitern einer solchen Beziehung oft ebenso unbeachtet bleibt wie der genannte unermüdliche Einsatz der Frau, dem Mann den Rücken freizuhalten. Wenn es zudem so ist wie in der beschriebenen Geschichte, dass dem einen als Sprache der Liebe hauptsächlich die materielle Geschenkgabe von Wichtigkeit ist und dem anderen die moralische Unterstützung (Gary Chapman, 2004), dann kann solch ein Paar für viele Jahre gut miteinander auskommen.

Wenn der Stern vom Himmel fällt

Der tiefere Grund, warum es bei Rosmarie und Sigmund doch anders gekommen ist, könnte sein, dass der Anspruch an Beziehungen sich im Laufe der letzten 50 Jahre verändert hat. Die frühere Idee einer reinen Wirtschaftsgemeinschaft, die allein der Existenzsicherung und dem Überleben diente, reicht heute nicht mehr aus, um die Beziehungspartner glücklich zu machen. Sigmund und Rosmarie hätten ihr Glück besser nicht allein vom materiellen Erfolg abhängig machen sollen. Alles war zu jeder Zeit auf das Geschäft ausgerichtet und dadurch blieb keine Zeit, keine Energie und vielleicht sogar kein Interesse dafür übrig, einander emotional – sozusagen immateriell – zu begegnen. Auch fehlte es ihnen an jeglicher Kommunikation darüber, wie sie sich mit der geschaffenen Wirklichkeit fühlten. So hätten sie nach einer gewissen Zeit auch innehalten und überlegen müssen, ob ihnen das Erreichte nicht längst genügt und ob sich ihre Liebe nicht auch auf andere Weise zum Ausdruck bringen ließe als nur über den Weg der (Über-)Versorgung und der Erfüllung materieller Wünsche.

Auf Augenhöhe bleiben

Spätestens nachdem die Kinder das Haus verlassen hatten, wäre es an der Zeit gewesen, sich wieder mehr als Paar zu finden und den gewonnenen Wohlstand gemeinsam mit mehr Betonung der Lust statt der Pflicht zu genießen. Entscheidend und sicherlich hilfreich wäre es auch gewesen, wenn Rosmarie ihre Berufsideen zu Ende verfolgt hätte. Wenn sie ein eigenes Projekt gesucht und dadurch auch unabhängig von Sigmund Bestätigung bekommen hätte, wäre sie vielleicht zufriedener mit sich und ihrem Leben gewesen. Dann wäre Sigmunds Plan, seine Frau glücklich zu machen, vielleicht auch eher aufgegangen. Sigmund erkannte nicht, dass dieser Plan in Zusammenhang mit seinen traumatischen Erfahrungen in der Kindheit stand, und konnte sich so nicht vom inneren Auftrag befreien, fast zwanghaft ein Gegenmodell seines Vaters werden zu wollen. Ebenso hätte Rosmarie viel früher wegen ihrer Depression eine Therapie angehen müssen, ehe diese sich zu einer längeren Episode mit Krankheitswert entwickeln konnte.

Wie unser Stern auch in Zukunft leuchten kann

Wenn es uns als Paar ähnlich ergeht, ist es sehr wichtig, gegenseitig anzuerkennen, was der andere leistet und geleistet hat: Derjenige, der die Karriere macht, achtet, was seine Partnerin dazu beiträgt, zum Beispiel indem sie für ihn die Kinder aufzieht, den Haushalt erledigt und ihm zu beinahe allen Zeiten und in allen Fragen vertrauter Reflektionspartner ist; derjenige, der die existenzielle Sicherheit schafft und sich in der Welt behaupten muss, erhält dafür Respekt und Dank vom Partner. Man kann hier den Vorschlag machen, dass das verdiente Geld in der Vorstellung in eine Wechselstube gebracht und in die Währung »Liebe« umgewandelt wird. Dann kann der damit verbundene Verzicht auf gemeinsame Zeit und emotionale Teilnahme am Familienleben leichter verkraftet werden.

Ausgleich schaffen erhält den gegenseitigen Respekt

Das Paar muss sich darüber im Klaren sein, dass wirtschaftliche Abhängigkeit vom anderen den Grad der Autonomie mindert, und es kann dafür in einem anderen Lebensbereich einen gewissen Ausgleich schaffen. Dies bedeutet dann: Ich, als eigenständige Person, erlebe mich als selbststeuernd und mein Handeln als sinnstiftend und wichtig. Diese Eigenständigkeit kann beispielsweise durch eine eigene berufliche Tätigkeit entstehen oder durch die Gründung eines gemeinnützigen Vereins zur Unterstützung eines sozialen Projekts.

Weiterhin ist es wichtig, regelmäßig vom Rausch des Erfolgs Abstand zu nehmen und die gesamte Lebenssituation dahingehend zu überprüfen, ob der tatsächliche Tagesablauf und die aktuelle Lebensorganisation noch mit dem übereinstimmen, was beiden Partnern wirklich zuträglich ist.

Man sollte körperliche Signale frühzeitig ernst nehmen,

Stress reduzierende Maßnahmen konsequent einleiten und regenerierende Pausen in den Alltag einbauen.

Auch helfen Schritte der Begrenzung und Einschränkung, die mutig im Karriereablauf vollzogen werden (auch wenn dies mit finanziellem Verlust verbunden sein könnte), dass die Lebens- und Beziehungsqualität auch auf Dauer erhalten bleiben. Damit einher geht ein Wertewandel, der neben dem Besitz auch unvergänglichen, ideellen Werten Wichtigkeit beimisst.

Den Stern wiederfinden

Anregungen zum Nachdenken und gemeinsamen Reflektieren können folgende sein:

- Besprechen Sie so früh wie möglich, welches Familienmodell Sie sich mit ihrem Partner wünschen. Frauen sollten erkennen, dass sie den Traum vom Märchenprinzen, der sie auf Händen trägt, besser in den Erzählungen der Gebrüder Grimm lassen und sie sich stattdessen der Realität stellen und die Ergebnisse der modernen Forschung berücksichtigen. Diese belegen, dass Menschen auf Dauer positive Anerkennung brauchen. Diese geht in unserer wirtschaftlich ausgerichteten Welt nun mal mit einem beruflichen Status und entsprechend angemessener Bezahlung einher: vergütete Arbeit (im Gegensatz zu nicht vergüteter Hausarbeit), die in einem anderen Umfeld als der eigenen Wohnung stattfindet und im Idealfall in gut funktionierenden Teams mit sinnvollen Aufgaben verbunden ist. Geht das Lösen dieser Aufgaben mit einem kontinuierlichen Entwicklungsprozess einher, bedeutet dies Arbeit, die Gesundheit erhält und Zufriedenheit schafft.
- Männer müssen sich ihrerseits vom Bild des potenten Alleinversorgers für die Familie verabschieden. Sie sind

herausgefordert, sich auch dann als »vollwertige« Männer zu akzeptieren, wenn sie mit Engagement die Berufstätigkeit ihrer Frau unterstützen und auch Familienarbeit verantwortlich übernehmen. Hinzu kommt, dass sie bei ihren Vorgesetzten die dafür nötigen Arbeitszeiten einfordern. Sie müssen somit aushalten, eventuell in der Arbeitswelt Unmutsgefühle zu erzeugen und dadurch nicht mehr »der liebe Junge« zu sein, der die Anforderungen und Erwartungen seitens des Arbeitgebers in allem immer nachkommt. Beide Partner sind somit herausgefordert, verinnerlichte Rollenbilder zu hinterfragen und sich davon mutig zu distanzieren. Die Entwicklung ebenbürtiger Familienmodelle geht in Deutschland, Österreich und in der Schweiz deshalb so schleppend voran, weil der gesellschaftliche Kontext immer noch mühsam hinterherhinkt. Weder bezahlbare Kinderbetreuung noch attraktive Teilzeitstellen, weder eine Gleichbezahlung von Männern und Frauen noch die Rücksichtnahme auf Mitarbeiter mit Familienhintergrund sind als feste und anerkannte Werte etabliert. Paare müssen dies möglichst schadenfrei überstehen, sich hindurchjonglieren und dabei solidarisch sein. Die klassische Rollenverteilung von Ernährer und Hausfrau ist immer noch zu weit verbreitet, geht aber mit viel Frust und am Ende oft mit der Scheidung einher. Wichtig ist, dass Paare sich die beiderseits getragenen Belastungen nicht zum Vorwurf machen, sondern sich angesichts dieser schwierigen Bedingungen, Beruf und Familie in Einklang zu bringen, miteinander verbünden und zusammenhalten.

- In Familienbetrieben empfiehlt es sich, dass das Paar rechtzeitig festlegt, wann der Mann seine Berufstätigkeit reduziert und wie er die Nachfolge regeln will. Das Paar befasst sich schon vorher damit, wie ein Leben nach der Arbeit aussehen könnte, damit der Pensionsschock sich in Grenzen hält und die Krise des Übergangs von beiden bewältigt werden kann.

- Informieren Sie einander in Gesprächen regelmäßig gegenseitig darüber, wie Sie sich in der Beziehung fühlen und ob das aktuelle Leben den eigenen Bedürfnissen noch entspricht oder einer Veränderung bedarf. Dabei ist auch darauf zu achten, dass es abgesehen von materieller Sicherheit noch andere Werte in einer Beziehung gibt. Prüfen Sie, ob sich hinter immer wieder neuen Wünschen nach weiterem »Wohlfühlglück« nicht ein ganz anderes Lebensthema versteckt. Zum Beispiel die Sehnsucht nach dem »Angekommen-Sein«, also danach, mit dem, was bereits erreicht wurde, in unserem Paar- und Familienleben zufrieden zu sein. Dies setzt voraus, dass ich bei mir selbst angekommen bin und mein eigener Stern von mir in der Welt gut platziert worden ist. Nicht die paradiesischen Umstände erzeugen Zufriedenheit, nicht der perfekte Prinz an meiner Seite, sondern nur ich selbst kann dafür sorgen, dass in meinem Leben eine ausgewogene Balance zwischen Anspannung und Entspannung, Geben und Nehmen sowie Lust und Pflicht, Zweisamkeit, Familienleben und sozialen Kontakten besteht beziehungsweise immer erneut von mir selbst hergestellt wird.

Konkrete Tipps aus der Sternwarte

- Wenn Sie in einem traditionellen Familienmodell leben, bei welchem jeder von Ihnen unterschiedliche Beiträge zum Gelingen des Alltags beiträgt, dann gleichen Sie Schieflagen im Geben und Nehmen durch Anerkennung und Dank aus. Der Hochzeitstag könnte hier ein guter Anlass sein, sich darüber auszutauschen, was Sie beide voneinander bekommen haben, wofür Sie danken und was Sie bedauern, nicht so haben geben zu können, wie es ihr Partner gebraucht hätte: »Danke, dass du jeden Tag diesen Kampf im Arbeitsleben so ausdauernd durchstehst und für uns einen so wunderbaren Lebensstandard sicherst.« Oder »Danke, dass du mir immer so zuverlässig den Rücken frei hältst und unsere Kinder einfühlsam und klug betreust und in ihrer Entwicklung förderst und begleitest.« Denken Sie das manchmal, aber sagen es kaum?

- Der materiell versorgte Partner schafft sich, auch wenn es Anstrengung kostet und wirtschaftlich unnütz erscheint, ein eigenes Feld, in dem er sich verwirklichen kann und das Gefühl gewinnt, Sinnvolles zu tun. Zum Beispiel könnte er eine Stiftung gründen, für die er sich einsetzt. So kommt er in Kontakt mit anderen sozialen Kreisen, erfüllt wichtige Aufgaben und erntet damit Anerkennung. Ehrenamtliche Tätigkeiten, wie die Mitarbeit in einer Hospizgruppe, Trainerarbeit im Jugendsport oder ausländischen Kindern Lesenachhilfe zu geben, erzeugt mehr Zufriedenheit als die Beschäftigung mit neuen Einrichtungsgegenständen oder teuren Hobbys.
- Legen Sie morgens zehn Erbsen in ihre rechte Hosentasche und lassen Sie immer eine in die linke Tasche wandern, wenn Sie tagsüber einen »Moment des kleinen Glücks« erlebt haben. Schauen Sie abends nach, wie viele Erbsen in der linken Tasche gelandet sind. Führen Sie darüber Buch und feiern sie mit Ihrem Partner das »100. Erbsenfest«.
- Der materiell Versorgende könnte nach Erreichung eines für ihn ausreichend befriedigenden Karrierepunkts Aufgabenbereiche abgeben und die Arbeitszeit reduzieren, so dass all das, was bisher auf der Strecke geblieben ist, das »Ungelebte«, nun endlich Platz in seinem Leben bekommt. Damit geht auch einher, sich selbst auch dann noch »O. K.« zu fühlen, wenn man nicht mehr auf allen

Bühnen ganz vorne steht und damit anderen, jüngeren Mitstreitern die Chance auf Erfolg ermöglicht. Eine weise Seniorposition im Beruf und eine entspannte und nehmende Rolle in der Beziehung geben Raum, um nun unabhängig von äußeren Zwängen eine bessere Balance zwischen Pflicht und Lust zu erzeugen. So wird er für die Beziehung entspannter und gemeinsame Lebensbereiche können neu entdeckt werden. Manche Paare können dann zum ersten Mal seit der Kennenlernphase wieder einer gemeinsamen Beschäftigung nachgehen, was sie auf ganz neue Art und Weise verbindet und den Liebesstern am Leuchten hält.

10

»Wenn wir lange genug durchhalten, wird sich das Glück einstellen«

Solche Paare leben wie vor einer Bergkette, hinter welcher das Paradies liegen könnte und das sie erreichen könnten, wenn sie nur die Ausdauer behielten, den jeweils neuen Berg, der sich auftürmt, immer wieder zu überwinden. Die Beziehung beginnt meist mit heißer Verliebtheit, aber die Liebe bekommt keinen Raum und muss warten, weil andere Dinge im Leben noch Vorrang haben: die gute Stelle in einer anderen Stadt, das Auslandssemester, der noch ausstehende Facharztabschluss, die unabgeschlossene Habilitationsarbeit, die immer noch nicht vollzogene Scheidung mit dem vorherigen Partner oder die Tatsache, dass die Kinder aus erster Ehe noch zu klein sind und das Zusammenziehen verhindern. »Erst Pflicht, dann Glück« ist der geheime Leitstern dieser Paare, die oft zwischen disziplinierter Ausdauer und ungeduldigem Warten die anstehenden Herausforderungen gemeinsam durchstehen.

Oft zieht sich dieser Prozess bis in die Lebensmitte oder weit darüber hinaus hin und der Partner, der mehr Verzicht geleistet hat, merkt, dass seine Zugeständnisse zu groß werden. Wenn schließlich alle Hürden überwunden sind, ist es dann meist schon zu spät. Zu viel Verzicht, zu viele Verletzungen oder zu häufige Zugeständnisse haben der Liebe geschadet. Wenn das Paar sich mit diesen Enttäuschungen nicht mehr aussöhnen kann, ist das Scheitern der Beziehung kaum mehr aufzuhalten.

Die Geschichte

Britta verliebte sich in Heinz, nachdem sie sich beide auf einem Kongress für Architektur kennengelernt hatten. Heinz war seit 25 Jahren verheiratet, fühlte sich aber seit zwei Jahren unglücklich in seiner Ehe und hatte sich bereits resigniert damit abgefunden, dass er und seine Frau Doris sich mit den Jahren auseinandergelebt hatten. Seine drei Söhne waren mittlerweile 14, 16 und 21 Jahre alt, der Älteste hatte schon das Elternhaus verlassen. Die Begegnung mit Britta war wie neues Leben und zweiter Frühling zugleich. Er unternahm alles, um sie wiederzusehen, und so entwickelte sich eine heimliche Liebe, die von all den besonderen Bedingungen gekennzeichnet war, die ein solches Geheimnis mit sich bringt.

Britta drängte zunehmend, dass er sich entscheiden solle, ob er sein Leben mit ihr oder seiner Frau führen wolle. Heinz stellte ihr in Aussicht, dass er noch das Abitur seines zweiten Sohnes abwarten wolle, damit dieser von den Auseinandersetzungen mit Doris, die durch die Offenlegung entstehen würden, nicht tangiert werde. Für Doris war das Geständnis von Heinz ein schwerer Schock. Sie begann, um ihn zu kämpfen, und veranlasste eine Paarberatung, zu der er mitging, weil er sich Deeskalation und sachliche Klärung des Konflikts sowie eine Aufarbeitung seiner langen Ehezeit mit Doris erhoffte. Britta nahm sich zurück und wartete ab, bis die beiden sich einigen konnten. Darüber verging ein weiteres Jahr. Dann trennte sich Heinz und zog endlich zu Britta.

Für eine Hochphase ihrer Liebe war jedoch wieder kein Platz, da Heinz nun mit ständigen Anwaltskriegen beschäftigt war und um den Verlust seines selbst entworfenen Hauses, noch mehr aber um den Verlust des gemeinsamen Lebens mit seinem jüngsten Sohn trauerte. Sein ältester

Sohn Björn machte ihm große Sorgen, da er bereits seine zweite Lehrstelle verloren hatte und Gefahr lief, wegen Drogenproblemen auf die schiefe Bahn zu geraten. In endlosen Gesprächen unterstützte Britta Heinz bei der Bewältigung der vielen Probleme und ihm wurde klar, dass er sich um seinen Sohn kümmern musste, indem er ihn bei sich aufnahm. Björn lebte von nun an mit dem Paar. Er hatte eine kleine Wohnung im selben Haus und nahm an den Mahlzeiten teil.

Brittas eigener Kinderwunsch wuchs und wiederum wollte Heinz sie vertrösten, bis die Scheidung endgültig vollzogen war. Da wurde Britta schwanger und die kleine Tochter Sophie kam zur Welt. Heinz stand beruflich unter hohem Druck, da es in seiner Branche immer schwerer wurde, an Aufträge heranzukommen. Er war viel abwesend, während Britta alleine zu Hause saß. Sie hatten seit Jahren keinen Urlaub gemacht und ihnen blieb auch im Alltag kaum Zeit, ihre Paarbeziehung zu pflegen. Die Idee, dass Björn sich in der Nähe zum Vater wieder fangen würde, scheiterte, denn was als Übergangslösung geplant gewesen war, stellte sich als bequemer Dauerzustand heraus, der seine Passivität mehr förderte als beschränkte. In der Zwischenzeit hatte es unzählige Auseinandersetzungen zwischen ihm und Britta gegeben, da sie sich über Björns schlechte Laune beschwerte und darüber, dass sie ihn außerdem wie ein kleines Kind versorgen musste. Heinz rang lange mit sich, bis er den Mut fasste und Björn auf die Straße setzte.

Kurz darauf stieg sein Partner aus dem gemeinsamen Architekturbüro aus, was einen großen finanziellen Einbruch zur Folge hatte. Wieder führten Britta und Heinz nächtelang Gespräche, um einen Weg aus dem Desaster zu finden und die Gefahr abzuwenden, ihre gerade renovierte und neu bezogene Eigentumswohnung wieder verkaufen zu müssen.

Erschöpft und müde waren sie geworden, da es nie einen Moment der Ruhe gegeben hatte, in welchem sie ihre Liebe leben konnten. Stattdessen stritten sie häufiger und jede Kleinigkeit löste eine neue Auseinandersetzung aus, die sie beide nur schmerzlich verkrafteten. Britta wünschte sich ein zweites Kind, aber Heinz lehnte ab und sie gerieten in eine ernste Beziehungskrise, da Britta das Gefühl hatte, in all den Jahren auf zu viel verzichtet zu haben. Sie brauchte jetzt Distanz und drängte auf paartherapeutische Hilfe, was Heinz zunächst ablehnte, bevor er dann doch einlenkte.

Der gute Stern

Was daran wertvoll ist, mag zunächst schwer erkennbar sein, aber Durststrecken gemeinsam durchzustehen kann einer Liebesbeziehung gut bekommen, da der Wert der Partnerschaft zugleich getestet und erhöht wird. Wenn die Verbindung der beiden Partner bereits mit einer Hypothek beginnt, wie mit jener Dreiecksituation bei Britta und Heinz, dann muss das innere Band sehr stabil sein, um dieser Belastung standzuhalten. Das Paar ist darauf angewiesen, in weitaus weniger zur Verfügung stehender, gemeinsamer Zeit den Kontakt zu leben und zu pflegen. Es kann sich Zeitverschwendung für Auseinandersetzungen und destruktive Interaktion gar nicht leisten. Es lernt, im Augenblick zu leben und jedem Moment der Gemeinsamkeit einen besonderen Wert zukommen zu lassen.

Dies wertet die Beziehung enorm auf und auch die beiden Partner erfahren dadurch in ihrer Person eine besondere Exklusivität und Wichtigkeit seitens des anderen. Nicht selten entwickeln die Paare eine kostbare und feine Kommunikation, die sie entweder in ausgiebigen Telefonaten oder in E-Mails pflegen, da ihre Beziehung aus unterschiedlichen Gründen und in verschiedenen Phasen von räumlicher Trennung betroffen ist.

Somit halten feste, innere Bindekräfte die Liebe zusammen und geben dem Paar die nötige Ausdauer, damit es scheinbar vorrangige Entwicklungen durchsteht. Sie stellen nicht bei jeder Irritation die Beziehung infrage, sondern holen sich aus ihrer tiefen Liebe die Kraft, um den Zeitpunkt geduldig abzuwarten, der dann endlich für sie bestimmt sein wird. Gemeinsamer Nenner sind die Träume von einer leichteren Zeit in der Zukunft und eine starke gegenseitige Unterstützung bei der Bewältigung der anstehenden Aufgaben, derer es meist eine Vielzahl in Serie zu erfüllen gibt. Die äußeren Zeichen der Gemeinsamkeit – wie Zusammenwohnen, Heiraten oder gemeinsame Kinder haben – tauchen meist sehr spät oder gar nicht mehr in der Paargeschichte auf.

Wenn der Stern vom Himmel fällt

Warum es bei Britta und Heinz doch anders gekommen ist, lässt sich folgendermaßen beschreiben: Wäre das Leben nicht von Endlichkeit gekennzeichnet und gäbe es nicht die biologische Uhr bei Frauen und Männern, dann hätte es für Britta und Heinz durchaus die Chance gegeben, ihre Partnerschaft zu retten. Aber so ist die Realität des Lebens nicht und das viele Warten und Zurückstecken trug seinen Teil dazu bei, dass die Unzufriedenheit stetig zunahm. Geben und Nehmen gerieten in eine Schieflage, da vor allem Britta diejenige war, welche die meisten Zugeständnisse für die Beziehung leistete. So steckte sie anfangs zurück, weil Heinz nicht frei war, dann wegen der Kinder, dann wegen Björn und schließlich wegen der dramatischen Lage des Betriebs. Sie konnte sich zwar lange Jahre gut damit arrangieren, indem sie sich immer wieder sagte, dass dieser Mann die zahlreichen Verzichte wert sei, aber unterm Strich kam sie doch an die Grenzen ihrer Kraft.

Als dann der Wunsch nach einem zweiten Kind und der Traum, auch einmal eine richtige Familie zu sein, immer drängender wurden, wäre die Zustimmung von Heinz ein bedeutsamer Schritt gewesen. Er hätte damit seinerseits ein echtes Zugeständnis gemacht. Auch wenn er als über 50-Jähriger auf eine weitere Vaterschaft nicht gerade versessen war, hätte er doch für Brittas langjähriges Entgegenkommen eine Art Ausgleich geschaffen. Dies war Heinz aber nicht möglich. Er wollte keine weitere Verantwortung übernehmen und lieber mit Britta die Zeit verbringen, ein ebenso legitimer Wunsch. Brittas Enttäuschung konnte aber allein durch die Liebe, die er ihr gab und nun vermehrt geben wollte, nicht gemildert werden. Britta hatte unterschätzt, wie schwer ihr der Abschied vom Familienmodell mit zwei Kindern fiel und dass sie doch unbewusst einen zu großen Preis für ihre Liebe zu Heinz bezahlt hatte.

Wie unser Stern auch in Zukunft leuchten kann

Wenn es uns als Paar ähnlich ergeht und berufliche oder familiäre Zwänge ein freies Gestalten und Leben der Beziehung nicht ermöglichen, ist es wichtig, sich immer wieder die aktuelle reale Situation und auch Alternativen anzuschauen: Wenn ich einen gut verdienenden Partner bevorzuge, auf den ich stolz sein und zu dem ich aufschauen kann, dann bringt dies mit sich, dass er viel arbeitet, zum Beispiel viele Nachtdienste hat, Vorträge halten muss oder auf Geschäftsreisen unterwegs ist. Wenn ich einen Partner wähle – wer wählt schon bewusst? –, der gebunden ist und bereits eine Familie hat, muss ich mir darüber im Klaren sein, dass diese Partnerschaft immer mit massiven Einschränkungen an Geld, Zeit und Aufmerksamkeit etc. verbunden sein wird.

Finden Sie eine versöhnliche Einstellung zu dem, was ist!

Wenn Paare trotz dieser Realitäten immer noch den Traum von der harmonischen Bilderbuchfamilie träumen, dann hadern sie zeitlebens mit der Situation, die sie gewählt haben, und dies wird früher oder später der Liebe schaden. Außer der inneren Zustimmung zu diesen Bedingungen, die ganz dem Prinzip folgen: »Wenn etwas so ist, ist auch immer etwas nicht«, kann das Paar aktiv dafür sorgen, dass manche Wartezeiten verkürzt werden. So kann ein Paar beispielsweise den Wohnort wechseln, um endlich den Alltag miteinander verbringen zu können, auch wenn es den Traumjob in der anderen Stadt nicht geben wird. Oder beide fangen in einer dritten Stadt gemeinsam neu an. So muss nicht einer der beiden das Gefühl haben, einen höheren Preis bezahlt zu haben, sondern beide beginnen neu.

Schieflagen im Geben und Nehmen müssen ausgeglichen werden, jetzt oder später, sonst bleiben sie als offene Rechnungen im Untergeschoss der Beziehung liegen und nagen am Fundament.

Oft haben verzögerte Entscheidungen und damit in die Zukunft verschobenes Glück auch ihren Ursprung darin, dass einer der beiden Partner oder gar beide den besonderen Ehrgeiz haben, alles perfekt zu machen. Es muss die steile Karriere, die optimale Wohnung oder die auf allen Ebenen einvernehmliche Trennung vom vorherigen Partner sein. Hier gilt es, von zu hohen Ansprüchen Abschied zu nehmen, damit die jetzige Liebesbeziehung genussvoller gestaltet werden kann, nach dem Motto: »Wie schreibt man ein Buch?« Antwort: »Seite für Seite.« »Wie lebt man eine Beziehung in schwierigen Zeiten?« Antwort: »Tag für Tag.«

Den Stern wiederfinden

Auch hierzu gibt es Anregungen zum Nachdenken und gemeinsamen Reflektieren:

- Behalten Sie stets im Auge, dass Durchhalteparolen nur auf begrenzte Dauer sinnvoll sind! Wenn einer spürt, dass der Atem nicht mehr reicht, dann müssen die Bedingungen sich mehr nach den Paarinteressen richten und andere Werte wie Geld, Karriere, Selbstverwirklichung etc. nachgeordnet werden. Wechseln sie ab. Durststrecken brauchen auch Erholungsphasen danach. Planen sie die zur Bewältigung anstehenden Ereignisse nicht dicht aufeinander. Lassen Sie »Luft« dazwischen. Erst das Projekt fertig machen, dann mal für ein halbes Jahr sich nichts außerhalb der üblichen Pläne zusätzlich aufladen und dann die Hausrenovierung beginnen, anstatt alles auf einmal zu stemmen.
- Achten Sie darauf, für Ausgleich zu sorgen, wenn Schieflagen im Geben und Nehmen entstehen. In solchen Situationen können Sie beidseitige Verzichte gegeneinander aufrechnen, um »quitt« zu sein. Hat er beispielsweise gewartet, bis sie sich von ihrem Exmann getrennt hat, unterstützt sie ihn jetzt beim Aufbau seines Geschäfts und steckt innerhalb dieser Zeit in Bezug auf behagliche Stunden zu zweit ein wenig zurück. So muss jeder eine Weile auf den anderen verzichten und es entsteht keine Einseitigkeit. Hat sie viele Jahre an Wochenenden und in Ferienzeiten auf ein intensives Paarleben verzichten müssen, weil er in dieser Zeit für seine Kinder aus erster Ehe da war, dann kann er sie nun in ihrer beruflichen Entwicklung unterstützen und ihr den Rücken frei halten, während sie zum Beispiel als Außendienstmitarbeiterin ihren auswärtigen Terminen nachgeht.
- Verabschieden Sie sich von allzu hohen Idealen und passen Sie Ihre Beziehungsvorstellungen an Ihren Lebensall-

tag an. Wenn Sie zum Beispiel mit einem Arzt verheiratet sind, können Sie nicht erwarten, dass er nachmittags um fünf von der Arbeit kommt und viel Zeit für die Familie übrig hat. Wenn Sie Kinder haben wollen, bringt das mit sich, dass Sie oder Ihr Partner oder auch beide Abstriche bei ihrer Berufskarriere akzeptieren müssen.

Konkrete Tipps aus der Sternwarte

- Warten Sie nicht, bis alle Rahmenbedingungen perfekt sind. Fällen Sie lieber nach einer gewissen Zeit Entscheidungen, die der Liebe mehr Raum und Entfaltungsmöglichkeiten bieten, ohne darauf zu warten, dass die Probleme sich von alleine lösen. Folgende Beispiele verdeutlichen, was damit gemeint ist: Es kann beispielsweise durchaus angebracht sein, wenn beide auf eine Teilzeitstelle reduzieren und ein geringeres Monatseinkommen tolerieren, um so Arbeit und Elternschaft miteinander zu vereinbaren. Dafür wird ein ebenbürtiges Familienmodell lebbar, das meist beide länger zufrieden macht. Sie können sich aber auch darauf einigen, dass zuerst der eine seine Karriere verfolgt und dann der andere.
- Erkennen Sie an, was der jeweils andere geleistet hat und worauf er hat verzichten müssen. Hierzu sollten sich die Partner täglich kleine positive Rückmeldungen geben. In größeren Abständen, also etwa alle sechs Monate, nehmen sich beide an einem Abend oder während eines langen Spaziergangs Zeit, Bilanz zu ziehen, und stellen sich den Fragen: »Was ist in den letzten Monaten gut gelaufen?«, »Worauf können wir stolz sein?«
- Genießen und veredeln Sie bewusst die Augenblicke, die Sie zwischen dem großen Pflichtprogramm miteinander verbringen. Dies kann der gemeinsame Cappuccino am

Morgen sein, ohne Telefon, Zeitung und andere Ablenkungen, aber auch ein kleiner Abendspaziergang um den Block oder »Tages-Paarurlaube« zu zweit. Die absolute Verbindlichkeit solcher Termine ist entscheidend. Wer absagen muss, sorgt für einen Ausweichtermin. Beziehungstage oder Stunden sind wichtig und sollten so selbstverständlich sein wie das tägliche Zähneputzen. Priorisieren Sie diese unbedingt *vor* allen anderen beruflichen oder privaten Terminen, sonst sinkt der Liebesstern rasch unter den Horizont.

- Steuern Sie sich mit liebevoll akzeptierenden Erlaubnissätzen in Bezug auf Ihren Leistungsanspruch. Solche sind zum Beispiel: »Ich darf auch Fehler machen, es darf auch länger dauern, ich darf es mir auch leicht machen oder ich darf auch Grenzen haben und bin mit weniger Stärke und geringerer Kraft in Ordnung.« Solche Sätze helfen gegen innere Antreiber, die wir von den Eltern gelernt oder in der Kindheit als Überlebensstrategie gewählt haben. Oft entstehen diese, um die Liebe und die Zugehörigkeit zur Herkunftsfamilie zu sichern und um Lob und Anerkennung auch weiterhin zu bekommen. Prüfen Sie, ob diese auch jetzt, als Erwachsener, noch die gleiche Brisanz haben oder ob sie davon auch etwas abrücken können. Oft spielen sich beide Partner diese Bälle zu und halten sich gegenseitig auf Trab. So kann es gut sein, wenn einer mal innehält und die Ziele neu definiert, dass der andere ganz entlastet, fast erlöst ist und ebenfalls aus dem Dauermarathon aussteigen kann.

11

»Jeder ist zu 100 Prozent für seine Gefühle selbst verantwortlich«

Solche Paare möchten miteinander lediglich die angenehme Seite einer Liebesbeziehung und die damit verbundene Leichtigkeit leben, sich aber mit Konflikten oder Problemen, die eine solche Verbindung auch immer mit sich bringt, nicht belasten. Jeder grenzt sich gegenüber Schwierigkeiten und Problemen des anderen ab, so dass möglichst wenig verpflichtende Fürsorge, Verbindlichkeit oder gar Abhängigkeit entstehen. In dem Lebensprinzip »Ich bin ich und du bist du. Jeder macht seine Sache und wenn es gerade gut zusammenpasst, ist es wunderbar; wenn nicht, dann ist es eben so« klingt das gestalttherapeutische Konzept von Fritz Perls durch. In den damals entstandenen Gruppentherapien der 1970er Jahre wurde dieses die Autonomie betonende Beziehungsideal als Gegenbewegung zur konservativen Ehe geprägt. Nach einer gewissen Zeit aber fehlt meist einem Partner die verbindliche Nähe sowie das sichere Gefühl, »ganz« gemeint und gewollt zu sein.

Die Geschichte

Anselm und Esther sind beide Anfang 40, kinderlos und seit vier Jahren ein Paar. Sie lernten sich in einem Tangokurs kennen und hatten von Anfang an eine sehr lustbetonte, sexuell aufregende Beziehung. Esther arbeitete als Tangolehrerin und wohnte in einer Hausgemeinschaft mit mehreren

Paaren und Familien zusammen. Anselm, der längere Zeit als Sozialarbeiter in einer Jugendeinrichtung gearbeitet hatte, war gerade aus der Wohnung seiner Freundin Hilke, von der er sich zuvor getrennt hatte, ausgezogen und hatte bei einem befreundeten Paar übergangsweise ein Zimmer. Er hatte nebenbei eine Ausbildung als Quigong-Lehrer begonnen und gab abends Kurse. Die Beziehung zu Esther war die längste, die er je hatte. Er fühlte sich wohl mit ihr und gemeinsam unternahmen sie gern kleinere Reisen, besuchten interessante Workshops oder Kurse zu verschiedenen psychologisch-esoterischen Themen oder reservierten eine Menge Zeit für Intimität.

Sie waren in ihren Kreisen eine Art Vorzeigepaar, das nicht nur gut aussah, sondern auch eine starke Ausstrahlung hatte. Sie trafen sich nur, wenn es beiden gut ging, und vermieden damit, dass einer sich dem anderen mit seiner schlechten Laune oder gar Problemen zumutete. Esther, die mit ihren Tangokursen nur wenig Geld verdiente, versuchte, dieser Misere beizukommen, indem sie tagsüber in einem Café arbeitete. Sie war immer bemüht, Anselm von ihren finanziellen Nöten nicht allzu viel mitzuteilen, da sie spürte, dass er davon eigentlich nichts wissen wollte. So waren die Treffen mit ihm für sie andererseits auch nützlich, da sie dann über dieses unliebsame Thema nicht nachdenken musste und dafür die Momente der Unbeschwertheit mit Anselm genießen konnte. Auch Anselm steckte beruflich in einer Krise. Seiner Sozialarbeitertätigkeit konnte er schon lange nicht mehr viel abgewinnen. Er hatte sich viel mit der chinesischen Medizin befasst, wollte gern Heilpraktiker werden und in seiner Praxis zusätzlich chinesische Heilmethoden anbieten. Auch ihm fehlte dazu das Geld. Er erhoffte sich, von seiner Mutter die Ausbildungskosten bezahlt zu bekommen, was diese ihm bisher nur vage in Aussicht gestellt hatte. Die Beziehung zu Esther hatte den

Charakter einer regenerativen Insel. Es ging ihm in erster Linie darum, eine gute Zeit miteinander zu verbringen und sich vom Rest der Welt mit den Schwierigkeiten des Daseinskampfes zu distanzieren.

Dann verlor Esther plötzlich durch einen tragischen Unfall ihren Bruder. Er stürzte bei einer Bergtour in den Alpen ab. Ihr Schmerz war groß, denn sie hatte eine sehr enge Beziehung zu ihm gehabt. Sie kümmerte sich um die Beerdigung, die Auflösung seiner Wohnung und um ihre trauernden Eltern. Angesichts dieses Schicksalsschlags erschien ihr das eigene Leben in ganz neuem Licht. Sie empfand es plötzlich als oberflächlich und ohne Tiefe. Der Verlust ihres Bruders hatte sie mit der Endlichkeit des Lebens und einem gewissen Ernst konfrontiert, was für sie neu war. Mit dieser neuen Erfahrung wollte sie nun endlich ihre berufliche Situation verändern, um finanziell auf festeren Beinen zu stehen. Ihr Bruder hatte ihr immer gesagt, in ihr stecke so viel mehr und sie würde ihre Ressourcen nicht genügend nutzen. Dies spornte sie nun an, ihren Plan in die Tat umzusetzen und sich einer größeren Tanzschule anzuschließen, um dort regelmäßiger Tanzunterricht zu geben. Sie wollte auch wieder stundenweise in ihrem alten Beruf als Arzthelferin arbeiten, um den finanziellen Druck zu reduzieren.

Jetzt wurde es Esther wichtig, in Anselm einen Gesprächspartner zu finden, der sie in ihrem seelisch aufwühlenden Prozess verstehen und daran Anteil nehmen würde. Aber Anselm enttäuschte sie. Immer wenn sie sich ihm mitteilen wollte, wimmelte er ab und sagte oft, sie solle von ihm keine Ratschläge erwarten, denn schließlich wisse nur sie, was richtig für sie selbst sei. Außerdem wolle er mit ihr vor allem schöne Stunden verbringen. Da er den Bruder nicht besonders gemocht hatte und ihren Schmerz wenig nachvollziehen konnte, ihr aber auch Zeit für die Verarbeitung dieses schrecklichen Ereignisses lassen wollte, ging er für vier Wochen nach Spanien und besuchte dort einen Freund.

Esther fühlte sich von ihm im Stich gelassen. Nach seiner Rückkehr fasste sie Mut und teilte ihm ihre Enttäuschung mit, worauf er sich angegriffen fühlte und antwortete: »Ich bin für deine Gefühle nicht verantwortlich.« Esther und Anselm konnten anlässlich des Wunsches von Esther nach mehr Partnerschaftlichkeit kein Gespräch mehr führen, ohne dass dieses in Streit und Tränen endete. Esther kam mit der deutlichen Abgrenzung von Anselm nicht zurecht und meldete sich einige Wochen nicht mehr bei ihm. Dann suchten sie Rat in einer Beratungsstelle.

Der gute Stern

Wertvoll an diesem Leitstern ist, dass jeder für seine Gefühle und Befindlichkeiten, Glück- und Unglückzustände selbst verantwortlich ist. Das hat etwas sehr Entlastendes. Anselm und Esther haben sich nicht durch gegenseitige hohe Erwartungen an die Beziehung überfordert und sich damit auch lange vor Enttäuschungen bewahrt. Sie teilten, was sie gut teilen konnten: gemeinsame Interessen wie Reisen, Workshops in verschiedenen Bereichen der alternativen Heilkunst, Tangotanzen und vor allem genussvolle Sexualität. Sie konnten geben, was sie dem anderen geben wollten, und nehmen, was sie vom anderen haben wollten, ohne eine Verpflichtung zu übernehmen, dies auch weiterhin erfüllen zu müssen. Ein ausgesprochen hoher Grad an Freiheit und emotionaler Autonomie konnte von beiden akzeptiert und dem anderen zugestanden werden. Damit hatten sie einen Garanten für maximalen Spaß und minimalen Frust. Die Beziehung diente beiden als Insel der Regeneration in einem schwierigen Findungsprozess nach persönlicher und beruflicher Identität. Zugleich wirkten sie auf ihre Umgebung immer wie ein frisch verliebtes Paar, das mit Leichtigkeit durchs Leben ging und immer gute Stimmung verbreitete. Sie ernteten dafür von ihren Freunden viel Bewunderung und auch das bestärkte sie, diesen Leitsatz weiterzuverfolgen und an seine gute Wirkung für den Erhalt ihrer Liebe zu glauben.

Wenn der Stern vom Himmel fällt

Anders gekommen ist es deshalb, weil innerhalb der Beziehung von Anselm und Esther eine von beiden getragene Verantwortung für die Entstehung von Partnerschaftlichkeit fehlte. Es ist der Lauf des Lebens, dass es krisenhafte Übergänge, Abschiede oder Verluste gibt, die einen Partner betreffen können. Damit ist aber auch immer der andere Partner betroffen. So gesehen gibt es nicht wirklich Situationen, die ganz alleine einen der beiden Partner betreffen. Als Partner geht mich das Befinden des anderen auch etwas an. Auch wenn es in erster Linie Aufgabe des Betroffenen ist, das Problem zu lösen und dafür auch die Verantwortung zu tragen, nehme ich doch Anteil daran und bin begleitend mit dabei. Damit hätte Anselm Esther das Gefühl vermittelt, an ihrer Seite einen Partner zu haben, der ihr in der schweren Zeit, nachdem ihr Bruder verunglückt war, beisteht und sie nicht alleinlässt.

Dein Problem ist immer auch mein Problem!

Zuvor konnte Esther die Schwierigkeiten, die sie betrafen, weitgehend aus der Beziehung heraushalten, weil diese für sie noch keine solch existenzielle Bedeutung hatten. Und auch Anselm war es wichtig, dass ihre Liebe nicht von den ungelösten Schwierigkeiten seiner beruflichen Krise überschattet wurde. Als Esther aber nach dem dramatischen Ereignis so verändert war und nicht mehr der strahlenden und gut gelaunten, optimistischen Frau glich, die er kannte und liebte, fühlte er sich überfordert. Er hatte Angst, dass ihre unbeschwerte Paarbeziehung zu stark von Problemen belastet werden könnte, und wollte diese lediglich so schützen, wie sie es beide bisher immer getan hatten. Nämlich durch Heraushalten des Unangenehmen.

Damit aber ließ er Esther in einer existenziell wichtigen Phase im Stich und verweigerte ihr, ein verlässlicher Partner zu sein. Als sie ihm dies mitteilte und für ihre Kränkung erneut Mitgefühl und Verständnis erhoffte, wurde sie von Anselm auf sich zurückgeworfen. Mit dieser erneuten Kränkung kam Esther nicht zurecht und zog sich von Anselm, der ihr so wenig Partner sein konnte, zurück, um nicht weiterhin verletzt zu werden.

Wie unser Stern auch in Zukunft leuchten kann

Wenn es uns als Paar ähnlich ergeht, sollten wir mehr darauf achten, in existenziell wichtigen Lebenssituationen für das aktuell angesprochene Thema des anderen Interesse und Anteilnahme zu zeigen. Dies ist nicht zu verwechseln mit der Zuständigkeit für das Problem des anderen, denn zuständig und verantwortlich für die Integration dieses Ereignisses bleibt der andere selbst. Aber der nicht direkt betroffene Partner kann emotional Resonanz geben, ab und zu nachfragen, wie es dem anderen mit etwas Bestimmtem geht, und ihm einen Dialog anbieten. Er betrachtet das Problem als gemeinsam zu bewältigende Aufgabe, ohne es dem anderen aus der Hand zu nehmen. Es geht also meist gar nicht so sehr um Ratschläge und Lösungen, sondern um innerliches Mitgehen und Dabeisein. Lösungsideen liefert der Partner am besten erst dann, wenn er oder sie darum gebeten wird.

Was dabei alles vom Partner mitgetragen werden kann, ist ganz unterschiedlich: eine Erkrankung des anderen, die Krankheit oder Gebrechlichkeit der Eltern, Verluste oder Schicksalsschläge in der Herkunftsfamilie oder bei nahestehenden Freunden, Einbußen im Berufsleben, Konflikte mit dem Arbeitgeber oder Kollegen, Arbeitslosigkeit und Schulden durch Geschäftsmiseren. Wenn ich meinem Partner ein Wegbegleiter sein möchte, dann betreffen mich seine Lebensthemen immer mit. Dies schließt nicht aus, dass ich ihm meine Grenzen der Belastbarkeit und des Mittragens deutlich machen kann. Hilfreich ist es sicherlich, innerhalb von Paarzeiten die kritischen Themen zeitlich zu begrenzen. »Du darfst jetzt fünf Minuten über die Rückenschmerzen jammern, aber dann ist es genug für heute und wir erzählen uns etwas anderes!« Oder: »Wir reden jetzt eine halbe Stunde über unsere Termine der nächsten Wochen und danach machen wir einen langen Spaziergang und reden über angenehmere Dinge.«

Absicht und Wirkung von Verhalten trennen!

Hinsichtlich der verletzten Gefühle, die ein Partner durch sein Verhalten beim anderen Partner ausgelöst hat, übernimmt dieser die Verantwortung dafür, dass er, auch wenn es nicht seine Absicht war, den anderen dennoch verletzt hat. Dabei trägt er sicherlich nicht die Verantwortung für die Entstehung einer seelischen Empfindlichkeit oder Verwundung in der Biografie des anderen, denn ihr Ursprung liegt schließlich vor Beginn der Beziehung. Aber auch wenn ich einen empfindlichen Partner habe, kann ich mich nicht aus der Affäre ziehen, indem ich sage: »Das sind deine Verletzungen, damit habe ich nichts zu tun. Du musst selber klären, was dich da immer schmerzt.« Das stimmt nur zum

Teil, denn wenn ich Kenntnis von der Wunde des anderen habe und trotz seines Feedbacks um die Verletzlichkeit an dieser Stelle mein Verhalten nicht ändere, dann entziehe ich mich meinem Teil der partnerschaftlichen Verantwortung.

Emotional Anteil nehmen schafft Vertrauen

Für Esther wäre es deshalb sehr wohltuend gewesen, wenn Anselm sie mit ihrem Schmerz um den Verlust angenommen hätte, anstatt ihre Reaktion als ihr Problem abzutun. Seine Absicht war es, ihr Zeit zur Verarbeitung zu geben und sich in dieser Phase in Spanien aufzuhalten. Die Wirkung war jedoch doppelt verletzend für Esther. Anselms Idee mag wohl gut gemeint gewesen sein, dennoch verletzte er sie damit, was er jedoch nicht einsehen konnte.

In gewisser Weise tragen wir Verantwortung nicht nur für die meist gute Absicht unseres Handelns, sondern auch für dessen Folgen. Nur wird dies selten praktiziert und es gibt in der Erwachsenenwelt wenig Modelle, die uns das vorleben. Eine gut gemeinte Absicht enthebt mich nicht meiner Verantwortung, eine Verletzung beim anderen, die ich damit ausgelöst habe, trotzdem anzuerkennen und ihm zu sagen, dass es mir leidtut, dies verursacht zu haben. Dies wiederum hätte Esther sehr gutgetan und sie auch eher mit Anselms Verhalten ausgesöhnt. Natürlich trägt auch sie eine Verantwortung, sich um diese wunde Stelle zu kümmern und Anselm darüber zu informieren, dass sie hier besonders leicht verletzbar ist. So wusste dieser nicht, dass Esther in ihrem Elternhaus selten Annahme und Verständnis in emotionalen Situationen erfahren hatte. Sich im Stich gelassen zu fühlen war für sie also eine altbekannte Erfahrung, die sich mit Anselm wiederholt hatte. Wenn mein Partner etwas Bestimmtes sagt oder tut oder wenn er es gerade unterlässt, etwas Bestimmtes zu sagen oder zu tun, dann sollte ich ihn wenigstens vorher darüber informiert haben, dass mich das sehr schmerzt und dass ich es mir unbedingt anders wünsche. Dann kann er – aus Liebe – darauf Rücksicht nehmen und damit Partnerschaftlichkeit auf besondere Weise zum Ausdruck bringen. Anselm hätte dies sicherlich leichter tun können, wenn er darüber von Esther mehr erzählt bekommen hätte. Das hätte bedeutet: Er nimmt Esther mit dem an, was zu ihr gehört, auch wenn es ihn etwas Mühe und Entgegenkommen kostet, und vermittelt ihr damit seine Bereitschaft, sich auch in schlechten Momenten für sie zu interessieren, mit ihr gemeinsam den Schwierigkeiten des Daseins zu begegnen und diese mit vereinten Kräften zu bewältigen.

Den Stern wiederfinden

Anregungen zum Nachdenken und gemeinsamen Reflektieren hierzu sind:

- Wichtige Themen, die ein Partner als existenziell bedeutsam erlebt, sind immer auch ein gemeinsames Problem beider Partner! Zeigen Sie echtes Interesse daran, wie es dem anderen mit der für ihn schwierigen Situation geht und welche Erwartungen er oder sie diesbezüglich an Sie hat. Wenn ich wiederholt meine Lebensthemen und die meines Partners streng voneinander trenne, dann bleibt eine Kluft in der Beziehungslandschaft bestehen, die ihr den Charakter von Unverbindlichkeit und Instabilität verleiht. Die Herausforderung lautet: Diese Beliebigkeit ist zu verwandeln in Bezogenheit – und das kann mit Angstgefühlen verbunden sein, die Sie sich bisher womöglich nicht eingestanden haben. Es wird auf eine gewisse Art ein notwendiger Autonomieverlust von Ihnen verlangt und da ist es ratsam, in kleinen Schritten vorzugehen. Entwicklungen vollziehen sich ja auch sonst im

Leben eher behutsam. Planen Sie Ihr Paarleben im Allgemeinen gemeinsam oder plant jeder für sich? Machen Sie verbindliche Zusagen für gemeinsame Urlaubsreisen oder bleibt es bis zuletzt offen (damit man noch abspringen und sich umentscheiden kann)? Geben Sie sich die Erlaubnis für das Ausgestalten ganz eigener Inseln, auf die der andere keinen Zutritt hat, oder riegeln sie diese von vornherein durch mangelnde Informationspolitik ab? Nach dem Motto: »Wenn der andere von mir wenig kennt, dann bin ich vor seinen Grenzüberschreitungen sicher.« Das ist eine Lösungsstrategie zur Wahrung des eigenen Schutzes, die aber dem Liebesstern arg zusetzen wird.

- Eine wichtige Frage dabei ist: *Wann* in Ihrem Leben, wurden Grenzen *wie* und von *wem* überschritten? Ein Spaziergang durch die Kindheitserinnerungen, an welchem Sie ihren Partner auch teilnehmen lassen, kann helfen, die affektive Heftigkeit, mit welcher sie sonst Ihr Territorium verteidigen, zu erklären. Dann wird der andere auch besser verstehen, warum ein eigenes Zimmer im Haus so evident wichtig ist und warum Anklopfen vor dem Eintreten eine bedeutsame Geste ist, die zeigt, dass Sie die kindlichen Nöte und Wunden des Partners mit Respekt betrachten.
- Fest geplante und zugestandene Inseln im Terminkalender sind hilfreich, dann können Sie in anderen Bereichen der Partnerschaft auch eher Nähe zu ihrem Partner zulassen. Habe ich jede Woche »meinen Abend«, jeden Monat »mein Wochenende« oder jedes Jahr »meinen Alleine-Urlaub«, dann kann ich bei den anderen Lebensphasen unsere Gemeinsamkeit angstfreier gestalten.
- Machen Sie sich als Betroffener klar, dass in erster Linie Sie selbst für die Bewältigung des anstehenden Problems verantwortlich sind und Sie Ihren Partner nicht überfor-

dern, indem Sie ihm die Lösungsverantwortung zuschustern. Sie können ihn aber teilhaben lassen an Ihren Überlegungen und dies auch explizit markieren durch Erklärungen wie: »Ich hätte gerne deine Aufmerksamkeit, wenn ich dir berichte, wie ich das Problem mit meiner Schwester angehen möchte. Du brauchst dazu keine Lösungen zu liefern, nur zuhören wäre schon sehr hilfreich. Dadurch klärt sich auch für mich, wie ich beim nächsten Familienfest den Kontakt zu ihr auf leichtere Art gestalten kann.«

Konkrete Tipps aus der Sternwarte

- Vereinbaren Sie gemeinsam, wie Sie diese schwierige Zeit durchstehen können, wenn einer der Partner ein Problem zu bewältigen hat. Treffen Sie auch Absprachen darüber, wie der nicht direkt betroffene Partner dem anderen am besten Beistand leisten kann.
- »Mir hilft es, wenn wir beim Abendessen keine Problemgespräche führen, sondern eher über banale, leichte Themen sprechen.« Je klarer Sie eine »Gebrauchsanweisung« über sich an den Partner geben, desto einfacher ist es für ihn, sein Verhalten danach auszurichten. »Ich brauche im nächsten Monat viel Zeit für die Beendigung einer besonderen Arbeitsphase. Bitte habe Verständnis, wenn ich vor allem kleine positive Rückmeldungen, aber keine Kritik in dieser Zeit vertrage.«
- Wenn Sie von der seelischen Wunde Ihres Partners wissen, nehmen Sie darauf Rücksicht, aber achten Sie dabei ebenso auf Ihre eigenen Kraftreserven. Manche Zugeständnisse sind für eine limitierte Zeit durchaus zu leisten, aber klären sie diese so konkret wie möglich. Bei solchen Absprachen werden Grenzen und Erwartungen

realistisch eingeschätzt und angepasst. Dies kann im Alltag dann folgendermaßen aussehen: »Wenn es dir so wichtig ist, dass ich dir täglich sage, dass ich dich liebe, dann kann ich das dir zuliebe gern tun, aber nicht dreimal, sondern maximal einmal täglich.« Oder: »Wenn es dir wichtig ist, täglich mit mir über deine körperlichen Beschwerden zu sprechen, dann kann ich dir gern eine halbe Stunde widmen, aber länger würde mich überfordern.« Oder: »Wenn du in nächster Zeit hier nichts zum gemeinsamen Leben beisteuern kannst, dann beende zumindest den rüden Ton und teile mir stattdessen täglich drei wertschätzende Rückmeldungen mit.« Oder: »Wenn ich mich jetzt um deine Jubiläumsvorbereitungen in der Abteilung kümmere, dann erlaube mir, das ich mein Engagement auf das kommende Wochenende beschränken darf. Danach muss ich wieder Luft haben für mich.«

- Paare mit diesem »Leitstern«, bei dem wie oben beschrieben die Erhaltung eigener Autonomie besonders im Vordergrund steht, sind somit dazu herausgefordert, Verbindlichkeit und Bezogenheit gegenüber ihrem Partner zu entwickeln. Es geht darum, fürsorgliche Gesten zu zeigen, ohne dabei zu befürchten, dass sie vom anderen Partner ganz »vereinnahmt« oder gar *»verschlungen«* werden.

12

»Wenn so viel zusammenpasst, dann müssen wir uns doch lieben«

Solche Paare halten ihre Beziehung meist aufgrund von außerhalb der Partnerschaft liegenden Zwängen aufrecht, die von einem oder beiden als existenziell bedeutsam eingestuft werden. Das Paar lebt unter großem Kraftaufwand eine problematische Verbindung weiter und tabuisiert gegenüber der Umgebung bestehende Paarkrisen und Konflikte. Oft stand bei solchen Paaren viele Jahre lang die Pflicht im Vordergrund. Beide haben als Team gut funktioniert und viel erreicht. In der Lebensmitte, wenn die wirtschaftliche Situation sich dann konsolidiert hat, wird deutlich, dass die Liebe längst auf der Strecke geblieben ist. Der Versuch eines Neubeginns kommt meist zu spät. Da aber eine Trennung mit negativen Konsequenzen größeren Ausmaßes verbunden ist, wie zum Beispiel Einbußen im eigenen Geschäft, Verlust des guten Rufes mit negativen wirtschaftlichen Folgen oder gar gesellschaftlicher Ausgrenzung, wie es nicht selten in ländlichen Regionen der Fall ist, leben die beiden über lange Zeit eine Scheinbeziehung und leiden unter dem Doppelleben und der verloren gegangenen Liebe.

Die Geschichte

Herta und Rüdiger sind seit 20 Jahren verheiratet und haben zwei Kinder, Ralf und Frauke. Rüdiger hatte sich als Bauunternehmer im Laufe der Jahre eine kleine Firma aufgebaut. Herta hielt ihm all die Jahre den Rücken frei, versorgte den Haushalt und die Kinder. Ihren eigenen Beruf als Volkswirtin hatte sie, seit die Kinder da waren, deutlich eingeschränkt, sie war jedoch in der Firma von Rüdiger noch für einen Bereich der Finanzabteilung zuständig. Sie liebte ihren Mann, weil er ihr bei der Ablösung von ihrem konservativen Elternhaus geholfen hatte und ihr immer mit Optimismus und seiner positiven Lebenseinstellung Mut gemacht hatte. Er führte sie aus kleinbürgerlicher Enge in die weite Welt, reiste mit ihr durch Italien, besuchte interessante Ausstellungen und faszinierte sie immer wieder mit seinen neuen Plänen. So traute sie sich ein Studium zu, obwohl ihre Eltern für sie eine Lehre geplant hatten. Rüdiger wiederum wusste von Anfang an, dass auf Herta Verlass war und dass sie miteinander ein gutes Team werden würden. Ihre Familien kannten sich schon aus früheren Zeiten, denn sie wuchsen in der gleichen Gemeinde auf. So waren ihre Eltern damals sehr erfreut, als Herta und Rüdiger ihre Hochzeit ankündigten, auch wenn diese gern noch etwas gewartet hätten. Aber Herta war bereits schwanger und da sie ihre Eltern innerhalb ihrer katholisch geprägten Gemeinde nicht dem moralischen Urteil der anderen aussetzen wollte, willigte Rüdiger ein und sie heirateten.

Rüdiger arbeitete all die Jahre viel. Er hatte Spaß daran, Dinge zu bewegen, sich als kreativen Gestalter zu erleben, und wurde schließlich auch außerhalb seines Betriebes in der Politik aktiv. Die Kinder waren mittlerweile 16 und 18 Jahre alt und für Herta war es an der Zeit, sie gehen zu lassen und sich wieder mehr sich selbst und ihrer Beziehung zu widmen. Sie wollte endlich die Zeit mehr für sich und die Paarbeziehung mit Rüdiger nutzen, wollte mit ihm etwas teilen, was nicht mit Arbeit verbunden war. Sie sehnte sich danach, ihn als Mann und sich als Frau zu spüren.

Rüdiger war seit einigen Jahren im Gemeinderat seiner

kleinen Stadt tätig und nun auch häufiger außerhalb seiner beruflichen Tätigkeit unterwegs. Schließlich wurde er als Kandidat für eine größere Partei aufgestellt. Er freute sich darüber sehr und merkte, wie ihn die politische Karriere jetzt mehr faszinierte als seine Baufirma, die angesichts der ohnehin verschlechterten Auftragslage nicht sonderlich gut lief. Rüdiger wurde in den Vorwahlen mit überraschender Mehrheit bestätigt und war plötzlich ein wichtiger Mann, auf den die Öffentlichkeit blickte. Man sagte ihm gute Chancen für einen Wahlsieg im Kreistag voraus.

Herta war enttäuscht und verletzt, da Rüdiger sie weiterhin vertröstete und sie nach wie vor kaum Zeit miteinander hatten. Wenn er spät abends von Sitzungen nach Hause kam, schlief sie meist schon, und morgens tauschten sie lediglich To-do-Listen für den Tag aus. Einen längeren Urlaub hatten sie schon seit mehreren Jahren nicht mehr gemeinsam verbracht.

Sie wollte das »Spiel«, wie sie es nannte, nicht mehr mitspielen und weiter so tun, als wären sie ein glückliches Ehepaar. Rüdiger versuchte, ihr zu vermitteln, wie bedeutsam ihm dieser Erfolg sei und dass er gute Chancen habe, später sogar in den Landtag gewählt zu werden. Er bat sie um weitere Unterstützung und um Geduld, bis der nächste Wahlkampf vorbei sei. Herta gab erneut klein bei und sicherte ihm zu, geduldig zu sein. Der Tag kam und Rüdiger wurde Kreistagsmitglied. Sie feierten seinen Erfolg und für kurze Zeit war wieder ein Anflug von Hoffnung auf bessere Zeiten zurückgekehrt. Herta war stolz, dass ihr Mann solch große Beliebtheit erreicht und das Vertrauen der Wähler gewonnen hatte. Aber in ihrer Paarbeziehung änderte sich nichts grundsätzlich.

Jetzt, wo die Kinder das Haus verließen und ein recht ordentlicher Lebensstandard erreicht war, hätte es für sie als Paar endlich losgehen können. Jetzt hätte es nach Jahren der

Pflicht auch endlich mehr Lust in ihrem Leben geben können. Aber Rüdiger hatte die nächste Karrierestufe vor Augen und wurde auch von außen dazu animiert, seinem politischen Auftrag treu zu bleiben. Er fühlte sich verpflichtet, seinen begonnenen Weg weiterzugehen, und war wieder auf Hertas Unterstützung angewiesen. Herta aber drohte ihm immer öfter mit Trennung, wenn er seinen Kurs nicht ändere. Sie war verzweifelt und hin- und hergerissen: Einerseits konnte sie so nicht mehr leben und andererseits wollte sie das Erfolgsgebäude ihres Mannes nicht zum Einstürzen bringen. »Was werden die anderen denken, wenn wir uns trennen?«, fragte sie sich oft. Alle wären schockiert, angefangen bei ihren Eltern, einflussreichen Personen ihrer Umgebung und der Gemeinde.

Der politische Erfolg von Rüdiger hing davon ab, dass sie eine gute Ehe vorweisen konnten. Scheitern in der Ehe könnte leicht einem Scheitern in anderen Bereichen seines Handelns gleichgesetzt werden. Dies könnte auch das Vertrauen der Wähler schmälern. So hielt Herta die Situation weiterhin aus, drängte aber ihren Mann zu einer gemeinsamen Beratung, die sie gezielt weit entfernt von ihrem Wohnort begannen.

Der gute Stern

Zusammenbleiben, solange es geht – unter diesem Leitsatz wurde der Begriff der »Vernunftehe« geprägt. Dies ist keineswegs nur eine Beziehungsform früherer Generationen, auch heute bleiben viele Paare aus unterschiedlichen zweckgebundenen Gründen über viele Jahre hinweg zusammen. Häufig erhalten sie ihre Verbindung wegen der Kinder aufrecht, wegen des mit Liebe renovierten Hauses, wegen des gemeinsamen Geschäfts oder wegen der allgemeinen wirtschaftlichen Nachteile, die aus einer Trennung für einen oder beide entstehen könnten. Das Fortführen der Partnerschaft hat damit auch Vorteile und einiges daran ist sicher wertvoll: Die Partner schützen sich vor einem schmerzlichen, vielleicht nicht verkraftbaren Verlust, vor dem Verlust der bestehenden Lebensqualität und vor dem Verlust des gemeinsamen Lebens mit ihren Kindern unter einem Dach. Denn dies geht unwiederbringlich verloren, auch wenn beiden eine friedliche Trennung gelingen sollte. Dieser Verlust aber ist in der Vorstellung der Partner mit so viel Leidvollem verbunden, dass sie die Aufrechterhaltung der Beziehung als weniger belastend erleben und glauben, sich mit der Fortführung der Beziehung einem geringeren Übel auszusetzen. Damit begrenzen sie das Ausmaß der Krise und respektieren ihre Grenzen der Belastbarkeit. Oft steht mit der privaten Krise auch beruflich so viel auf dem Spiel, dass es vernünftig ist, die Beziehungsform als Pflichtpaar weiterzuleben. Denn für die meisten Menschen hinterlassen Trennung und Scheidung – mit allem, was dazugehört – auch ohne direkte Bedrohung der beruflichen Existenz bereits einen tiefen Einschnitt in der Biografie. Gut am Zusammenbleiben trotz glückloser Ehe ist also, dass diese Paare sich nicht der schmerzlichen Krise eines solchen gescheiterten Lebensentwurfs stellen müssen. Stattdessen praktizieren sie miteinander einen Modus Vivendi, mit dem die Familienform und der sozial-gesellschaftliche Status aufrechterhalten bleiben, ein nicht zu gering zu schätzender Wert.

Ein weiterer guter Nebeneffekt ist, dass auf diese Weise auch die Chance für einen Neuanfang der Beziehung ermöglicht wird. Nicht selten heiraten Menschen ja sogar ihren alten Partner nach Jahren der Trennung erneut. Paare, die wie oben beschrieben die Trennung vermeiden und zusammenbleiben, können durch den Ausschluss dieses

Schrittes, der auch als Lösungsversuch betrachtet werden kann, dazu gezwungen werden, sich immer wieder mit der Beziehung auseinanderzusetzen. Wenn hierzu die nötige Bereitschaft besteht und die Partner sich zusätzlich professionelle Unterstützung holen und dem Prozess der Wiederannäherung genügend Zeit geben, dann kann die Liebe neu erblühen. Hilfreich hierbei ist, dass diese Paare oftmals den Großteil ihres Lebens gemeinsam verbracht und viel gemeinsam aufgebaut und geschaffen haben. Dabei entsteht häufig eine tiefe innere Bindung, denn wesentliche Entwicklungsphasen wurden gemeinsam durchlaufen. Die innere Bindekraft solcher Paare ist ungleich höher und kann trotz verloren gegangener Liebe wieder neu entstehen.

Wenn der Stern vom Himmel fällt

Warum es doch anders gekommen ist, liegt in verschiedenen Punkten begründet:

Herta und Rüdiger hätten sich vorher mehr Zeit nehmen müssen, um genau herauszufinden, welchen Verzicht Rüdiger Herta und der gesamten Beziehung im Zusammenhang mit seiner politischen Karriere zumuten kann. Beide hätten sich ein genaues Bild davon machen müssen, wie ihre Zukunft als Paar aussehen soll. Die neue berufliche Veränderung von Rüdiger fiel ungünstigerweise genau in die Zeit, in der die Familienphase sich dem Ende zuneigte und die Elternschaft in ihrer Bedeutung abnahm. Hertas Mutterrolle wurde überflüssig und ihre Hinwendung zu Rüdiger mit der Hoffnung, ein Leben mit mehr Gemeinsamkeit als Paar zu beginnen, enttäuscht. Diese Phase in beziehungsweise nach der Lebensmitte stellt eine besondere Herausforderung an das Paar, da beide sich als Mann und Frau wieder finden und neu begegnen müssen. Für Rüdiger aber war es bedeutsam, sich auf einem spannenden neuen Berufsfeld zu bewegen und sich hier vital und mächtig zu fühlen. Er wiederum war enttäuscht, dass Herta dies nicht unterstützte, und fühlte sich von ihr entwertet und im Stich gelassen.

Es hätte beiden gutgetan, wenn sie ihre unterschiedlichen Bedürfnisse, nämlich Rüdigers Wunsch nach einem beruflichen Neubeginn und Hertas Wunsch nach mehr Gemeinsamkeit in der Beziehung, vorher klar benannt und fair verhandelt hätten. Rüdigers zeitliche Inanspruchnahme und die daraus sich ergebende zusätzliche Belastung für die Beziehung überstiegen die Kapazitäten von Hertas Toleranz und ihre Fähigkeit, auch diese Phase des Verzichts erneut zu kompensieren. Deshalb war Herta für die Fortführung der Beziehung nicht mehr zu gewinnen.

Wie unser Stern auch in Zukunft leuchten kann

Wenn es uns als Paar ähnlich ergeht und wir mit dem Leitstern unsere Bahn ziehen, der etwa lautet »Wir lieben uns, weil andere es erwarten«, »Wir lieben uns, weil äußere Gründe uns dazu zwingen« oder »Es passt äußerlich so viel zusammen, da muss die Liebe doch von allein folgen« müssen wir in hohem Maße kompromiss- und anpassungsfähig sein. Dennoch ist es ratsam, die Bewertungen aus der Umwelt, die für sie von solch hoher Wichtigkeit zu sein scheinen, von Zeit zu Zeit zu überprüfen und infrage zu stellen. Dazu benötigt das Paar eine ausgereifte Kommunikation und feine Selbstwahrnehmung, denn nur so finden die Partner genau heraus, was im Gegensatz zu den Erwartungen der Umwelt ihre eigenen Wünsche sind und wie sie diese mit den bestehenden Sachzwängen am besten vereinbaren können. Es setzt demnach eine gute Kommunikationsfähigkeit voraus, die beide meist erst entwickeln und pflegen müssen.

Lernen, welches unsere Bedürfnisse sind

Das Paar sollte immer wieder und besonders bei lebenszyklisch bedingten Übergängen (zum Beispiel vom Paar zur Familie oder wenn die Kinder das Haus verlassen) seine verinnerlichten Wertvorstellungen überprüfen und an die jeweilige persönliche Entwicklung anpassen. Es muss sich Zeit nehmen, um aus dem oftmals völlig durchorganisierten Tagesablauf herauszutreten und weitere Lebensperspektiven zu klären. »Was wollen wir eigentlich als Paar?« und »Was möchte jeder Einzelne?« sind hier zentrale Fragen, die untereinander verhandelt und realistisch eingeschätzt werden müssen. Meist finden solche Gespräche zwar statt, aber die wahren Bedürfnisse werden nicht bis in alle Ecken ausgeleuchtet und mit allen Konsequenzen zu Ende betrachtet. Die persönliche Entwicklungsherausforderung liegt darin, sich selbst zu erlauben, dass eigene Bedürfnisse sein dürfen.

So war Herta nicht bewusst, welche Folgen die politische Karriere Rüdigers für sie und ihren Beziehungsalltag mit sich bringen würde. Für Rüdiger wiederum war es innerhalb des Beratungsprozesses etwas ganz Neues, sich selbst die Erlaubnis geben zu dürfen, dass er als Mensch auch dann wertvoll ist, wenn er beruflich etwas kürzertritt und seine politische Karriere in reduzierter Form lebt, dafür aber mehr an Lebensqualität und Zufriedenheit innerhalb seiner Paarbeziehung gewinnt.

Mutig sein

Es geht meist darum, eigene wichtig gewordene Werte mit innerer persönlicher Stärke nach außen zu vertreten, auch wenn dies dort zu Enttäuschung führen kann. In vielen Fällen ist es dennoch nötig, dass Bedürfnisse zurückstehen müssen und die Beziehung für einige Jahre unter belastenden Bedingungen weiterlaufen muss. Diesen Paaren ist zu empfehlen, nach Abwägung aller Vor- und Nachteile einmal getroffenen Entscheidungen innerlich zuzustimmen und dies als die unter den bestehenden Umständen beste Lösung zu akzeptieren, ohne andauernd damit zu hadern. So lernen die Partner, auch Grenzen der Veränderung anzuerkennen, und können damit sehr viel eher einem Neubeginn der Beziehung den Boden bereiten, als wenn sie sich wiederholt dafür gegenseitig Vorwürfe machen.

Den Stern wiederfinden

Anregungen zum Nachdenken und gemeinsamen Reflektieren können hierbei diese sein:

- Nehmen Sie herausragende Feste wie Geburtstage, Hochzeitstage oder Betriebsjubiläen zum Anlass, Bilanz zu ziehen, und tauschen Sie sich über folgende Fragen aus:
  Was haben wir schon erreicht und worauf sind wir stolz?
  Was ist unser nächstes Ziel und welcher Bereich unserer Beziehung sollte mehr Beachtung bekommen?
  Richten wir unsere Entscheidungen mehr danach, was die anderen dazu sagen würden, oder nach dem, was wir wollen?
  Wiederholen wir immer wieder das Gleiche, weil wir es schon so gewohnt sind oder weil *wir* diese Form selbst so wünschen. Bleiben wir Weihnachten zu Hause, weil wir das wollen oder weil es der Rest der Familie erwartet?
  Wie fühlen wir uns als Paar und was sollte sich in unserer Lebensorganisation diesbezüglich ändern, damit es mehr unseren Ansprüchen entspricht und nicht denen des Freundeskreises oder der Vereinskameraden?
- Planen Sie dazu konkrete Maßnahmen, die Sie schriftlich fixieren und wie einen kleinen Vertrag unterschreiben. Beispiel: »Bis Ende des Jahres gebe ich die Vorstandstätigkeit auf und übernehme auch kein neues Amt.«

Wichtig ist eine Rückfallprophylaxe: Legen Sie auch Konsequenzen fest, wenn vereinbarte Punkte von einem oder beiden nicht eingehalten wurden! »Sollte dies nicht so geschehen, dann bereite ich während der gesamten Sommerferienzeit das Frühstück für die Kinder.«

- Gedacht ist noch nicht getan, aber es eröffnet Optionen und schafft Zugang zu Ressourcen. Überlegen Sie sich also verschiedene Szenarien und besprechen Sie gemeinsam auch Handlungsalternativen, die Sie zuvor noch nie gewagt haben anzusprechen. Zum Beispiel:
  Was wäre, wenn wir *nicht* heirateten?
  Was wäre, wenn wir den Bauplatz zurückgeben und vorerst weiterhin hier wohnen bleiben?
  Was wäre, wenn du die Nachfolge im Betrieb deines Vaters absagst und in einer anderen Firma nur angestellt wärest?
  Was wäre, wenn wir ein Auto verkaufen und ich mehr Fahrrad fahren würde?
  Was wäre, wenn wir unseren Sohn die von ihm gewünschte Lehre machen lassen und nicht darauf drängen, dass er das Gymnasium besucht?
  Was wäre, wenn es für eine gewisse Zeit Funkstille zu den Eltern gäbe? Was wäre daran schlimm, welche positiven Effekte könnte es haben?
  Was wäre, wenn du deinen Chef enttäuschen würdest und dich nicht versetzen ließest?
  Was wäre, wenn du deinen Job verlieren würdest? Wie sähen die realistischen Chancen auf dem Arbeitsmarkt aus?
  Rechnen Sie genau durch, welcher reale Verlust auf Sie zukäme, wenn Sie beruflich etwas ändern würden, oder wie es wäre, wenn Sie für eine gewisse Zeit den Wohnort wechselten, auseinanderziehen oder sich ein ganzes Sabbatical-Jahr gönnen würden.

All diese Überlegungen öffnen den Horizont und weiten den Blick dafür, dass außerhalb der bisherigen Anpassung an Erwartungen noch andere Optionen liegen. Dies dient jedoch eher dem eigenen Individualisierungsprozess, auch wenn es mit mutiger Abgrenzung verbunden ist und zeitweise sogar mit der Erfahrung von Ablehnung durch mir nahestehende Menschen.

Konkrete Tipps aus der Sternwarte

- Finden Sie andere Paare, die in Ihren Augen in einer ähnlichen Situation sind oder es waren. Interviewen Sie diese und fragen Sie genau, wie sie es geschafft haben, mutige Entscheidungen zu treffen, die nicht konform mit den Erwartungen der Umwelt waren, und wie es gelang, diese umzusetzen. Lassen Sie sich erzählen, wie diese Paare es erreichen konnten, ihre Ansprüche an eine zufriedenstellende Beziehung mit Pflichten im Alltag und Erwartungen von außen zu verbinden, und wie es möglich wurde, sich innerlich von Schuldgefühlen zu befreien, als sie eigene Wege einschlugen.
- Schaffen Sie sich eine gesunde und Ihnen zuträgliche Umgebung. Das sind freundschaftliche Gesprächspartner und Wegbegleiter, die Sie unterstützen, statt Sie infrage zu stellen. Freunde, die Ihre Ideen nicht torpedieren, sondern Ihnen Mut machen. Meiden Sie Kontakte zu Personen, auch Verwandten, von denen Sie ohnehin wissen, dass Sie bei diesen auf konservative Meinungen stoßen und dabei ins Rechtfertigen geraten.
- Informieren Sie nach getroffenen Entscheidungen erst dann Menschen in Ihrer Umgebung, wenn Sie sich selbst sicher sind und Ihren Veränderungswunsch gut vor anderen vertreten können! Also zunächst Boden unter die

Füße bekommen und dann kann der Gegenwind kommen, wir werden ihm standhalten können! In diesem »Gemeinsam gegen den Rest der Welt« kann auch eine ganz andere Intensität von Nähe und Liebe spürbar werden. »Dich an meiner Seite« und nun kämpfen wir, statt uns anzupassen, und setzen uns für unsere Werte ein, anstatt sie zu verleugnen. Das kann unseren Leitstern auf eine ganz neue Umlaufbahn bringen.

- Reservieren Sie auch trotz aller Pflichten immer wieder regelmäßig Auszeiten für sich als Paar. Planen Sie einen Abend oder Morgen in der Woche fest ein, an dem Sie beide miteinander unverplante Zeit zu Verfügung haben. Ohne Handy, Organisationsabsprachen und ohne jede Art von Pflichtprogramm. Dann erst entstehen Inseln, auf denen Sie sich selbst besser wahrnehmen können, Inseln, auf denen Sie bemerken können, an welcher Stelle Sie sich gerade vergaloppiert haben und wo Sie Visionen eine Chance geben, die sonst gar nicht erst auftauchen.

13

»Wir sind uns immer einig«

Bei diesem Paartypus wirken beide Partner nach außen zwar recht unabhängig voneinander – so hat jeder einen eigenen Beruf und ein eigenes Freizeitleben sowie eigene Freunde –, aber im Zusammensein trauen sie sich wenig oder nur zögerlich, vor dem anderen eigene Standpunkte einzunehmen. Es besteht ein stilles Übereinkommen, keine allzu großen Differenzen entstehen zu lassen, denn sonst, so befürchten beide, könnte die Liebe des anderen verloren gehen. Jeder passt sich dem anderen an und keiner wagt die Konfrontation, die dadurch entstünde, wenn einer von beiden »Farbe bekennen« und sich gegen den vorgeschlagenen Weg entscheiden würde. Profil zeigen und ohne Selbstverrat sagen, dass das ausgewählte Reiseziel doch nicht dem eigenen Bedürfnis entspricht, birgt die Gefahr, dass Liebesentzug droht. Deshalb ziehen es beide Partner vor, sich immer wieder an den anderen anzupassen. Dies sichert die Harmonie und den Frieden, kostet jedoch den Verlust von Spannung, Anziehung und Interesse sowie die Neugierde am anderen.

Die Geschichte

Michael und Ruth kannten sich 18 Jahre. Sie lernten sich in ihrer Studentenzeit kennen. Beide studierten damals an der erziehungswissenschaftlichen Hochschule und waren sich bei der Erstsemesterparty nähergekommen. Michael empfand die Ruhe und Warmherzigkeit von Ruth als anziehend, und Ruth gefiel an Michael, abgesehen von seiner äußeren Attraktivität, besonders, dass er so ausgelassen sein konnte. Sie fühlte sich in seiner Nähe immer leicht und lebendig.

Sie durchliefen gemeinsam das Studium und halfen sich gegenseitig bei Prüfungsvorbereitungen. Sie unternahmen spannende Reisen durch Europa und hielten zusammen, so dass sie in den Augen ihrer Kommilitonen ein Paar mit Vorbildcharakter waren. Nach Beendigung der Ausbildung fanden beide in derselben Stadt eine Anstellung und alles verlief so glatt und komplikationslos, dass sie es manchmal selbst nicht fassen konnten. Sie waren sich einig, beide keine Kinder zu wollen. Ruth traute sich dies nicht zu und sie hatte zudem ihre eigene Kindheit nicht in allzu guter Erinnerung. Michael empfand dies zwar eine Zeit lang als sehr bedauerlich, fühlte aber auch eine gewisse Erleichterung, da ihn die Vorstellung, eigene Kinder großzuziehen, belastete. In ähnlicher Weise entwickelte sich in vielen Bereichen der Partnerschaft zwischen ihnen eine stille Übereinkunft. Wann immer es um eine Entscheidung ging, neigten beide dazu, sich dem anderen in seiner Meinung anzupassen. Dies zeigte sich auch in kleinen Alltagssituationen: Wenn er zum Beispiel vorschlug, einen Spaziergang zu machen, dann schloss sie sich ihm an, obwohl sie eigentlich lieber im Garten sitzen und gemütlich ein Buch lesen wollte. Wenn Ruth einen bestimmten Kinofilm sehen wollte, ging Michael mit, auch wenn er lieber in einen anderen Film gegangen wäre. Beide passten sich dem anderen immer wieder an, waren sich dadurch immer einig und dies verlieh ihnen das sichere Gefühl, vom anderen »gemocht« zu werden. Hätte man sie zu dieser Zeit gefragt, ob sie sich einander nicht zu sehr anpassten, so wäre ein deutlicher Einwand ihre Antwort gewesen. Denn von den äußeren Fakten her betrachtet lebten beide ein recht selbstständiges Leben.

Michael war beruflich sehr engagiert, er arbeitete in einer Einrichtung für lernbehinderte Kinder und fühlte sich in seinem Beruf sehr erfüllt und zufrieden. Er fuhr am Wochenende Mountainbike mit Freunden und spielte in einer Band Schlagzeug. Ruth war mittlerweile in einer Weiterbildungsstätte tätig und im Kollegenteam sehr beliebt, da sie verlässlich und besonnen ihre Seminare vorbereitete. Sie sang in einem Chor und traf sich mit ihren Freundinnen im Sommer zu Wanderungen und im Winter zu Langlauftouren. Beide empfanden deshalb ihr gemeinsames Paarleben als ideal, denn jeder hatte ja seinen eigenen Lebensbereich.

Das Bedürfnis, sich dem anderen in seiner Meinung und in seinem Verhalten zumeist anzupassen, war beiden lange nicht bewusst. Keiner merkte so genau, dass er sich selbst innerlich immer ein wenig überging – dem anderen und sich selbst zuliebe. Es kam selten dazu, dass sie Unterschiede ertragen oder darüber verhandeln mussten, wer von beiden jetzt mit seinem Wunsch zum Zuge kam. Wer zuerst etwas vorschlug, konnte sich der Zustimmung des anderen sicher sein. Die unbewusste Angst, den anderen mit abweichenden Wünschen so zu irritieren, dass das Liebesgefühl gestört werden könnte, war zu groß.

Michael spürte mit der Zeit, dass in ihm eine nur schwer fassbare Unzufriedenheit aufkam, ein Gefühl des Nicht-ganz-bei-sich-Seins. Er bemerkte, dass er oft nicht mehr so ausgelassen sein konnte, ein merkwürdig bedrückendes Gefühl schlich sich ein. Er begann, sich stärker von Ruth zu distanzieren. Er plante Unternehmungen allein, blieb nach den Proben mit seiner Band häufiger und entgegen seiner bisherigen Gewohnheit noch mit den anderen zusammen und trank mehr Alkohohl. Ruth störte dies zwar zunehmend, da sie immer öfter abends allein war, aber sie sagte nichts dazu. Sie hoffte, dass Michael mit mehr Freiheiten wieder zufriedener werden würde, und so hatten seine vermehrten Aktivitäten ihren Rückzug zur Folge, allerdings war dieser von unzufriedener Stimmung begleitet. Dies ging so lange, bis Michael sich in Tina verliebte. Sie kam als neue Sängerin in seine Band und er war sofort von ihr angezogen. Die gemeinsame Musik, dieses verbindende Element zwischen beiden, trug auf besondere Weise dazu bei, dass Michael von Tina völlig begeistert war und an nichts anderes mehr denken konnte. Er offenbarte Ruth nach kurzer Zeit seine neue Liebe und trennte sich sechs Monate später von ihr.

Der gute Stern

Wertvoll an diesem Leitstern des »Sich-einig-Seins« ist, dass es Ruth und Michael über eine lange Zeit hinweg gelungen ist, ihre Liebe vor Beeinträchtigungen zu schützen, indem sie sich nicht in endlosen Diskussionen über Kleinigkeiten und Unterschiede verloren haben, sondern immer schnell zu einem Konsens fanden.

Keiner von beiden schob seine individuelle Besonderheit in den Vordergrund, indem er dauernd darauf pochte, was er gern anders haben wollte. Sie konnten großzügig miteinander umgehen und sich in Details des Zusammenlebens einander gut anschließen. Es war beiden nicht so wichtig, ob sie bei einer Wanderung in diese oder jene Richtung liefen, es war nicht so entscheidend, ob der eigene Bedürfnisimpuls sofort Berücksichtigung fand. Beide hatten die große Gabe, sich wechselseitig die Führung zu überlassen. Eine völlig machtfreie, entspannte Gelassenheit im Umgang miteinander konnte sich so etablieren.

Dadurch war ihr Paarleben reibungslos und komplikationsfrei, was beide sehr genießen konnten und offensichtlich sogar in ihrer Umwelt Eindruck machte. Quälende Auseinandersetzungen über verschiedenartige Wünsche kamen nicht vor. Die Stimmung war unbelastet von unfruchtbaren Streits, wodurch sie ihre Begegnungen lange attraktiv erhielten. Dabei achteten sie darauf, nicht zu viel Zeit zusammen zu verbringen, pflegten ihre eigenen Interessen durch jeweils eigene Freizeitaktivitäten und versorgten zugleich ihre Paarbeziehung durch genügend geschützten Raum.

Wenn der Stern vom Himmel fällt

Zu viel Harmonie hat ihren Preis. Allzu viel davon ließ bei Michael und Ruth auf Dauer das eigene Profil verblassen. Der Leitstern verlor damit jedoch auch seine Strahlkraft. Es fehlte ihnen der Mut, eigene Wünsche zu formulieren, auch wenn sie sich voneinander unterschieden. Keiner traute sich so recht, dem anderen zu widersprechen, sondern passte sich dem Gegebenen an. Keiner forderte den anderen heraus, indem er versuchte, seine Interessen auch dann durchzusetzen, wenn jener etwas anderes wollte. Beiden fehlte der Mut, dem anderen ein autonomes Gegenüber zu sein, mit der Berechtigung, es sich selbst anstatt dem anderen recht zu machen.

So hätte Ruth sich Michael durchaus in den Weg stellen können, indem sie ihn darum bat, abends früher nach Hause zu kommen. Er hätte gespürt, dass sie ihn will und dass er ihr wichtig ist. Umgekehrt hätte Michael seinen Wunsch, die Musik mit Ruth zu teilen, klarer formulieren müssen, anstatt dies für sich zu behalten und darauf zu hoffen, dass sie auf ihn zukäme.

Gründe in der eigenen Geschichte

Ein Grund für diese gegenseitige Rücksicht lag bei beiden in ihrer Lerngeschichte. Ruth erfuhr in ihrer Kindheit, dass sie ihre häufig kranke Mutter nicht belasten durfte. Sie lernte früh, sich zurückzunehmen und sich die Zuwendung und Liebe der Mutter zu sichern, indem sie schwieg, sich anpasste, brav war und eigene Wünsche zurückstellte. Damals hätte jedes Verhalten, welches außerhalb der Erwartung der Mutter lag, eine für sie als Kind existenziell wichtige Grundlage zerstören können. Dieses Verhaltensmuster übertrug sie auf die Beziehung zu Michael. Auch hier war sie sich sicher, dass miteinander einig zu sein ihre Beziehung und Liebe dauerhaft sichern würde.

Michael seinerseits hatte einen jüngeren Bruder, der behindert war. Dies war für ihn der Grund, als Kind dem bedürftigeren kleinen Bruder den Vorrang zu geben und sich sowohl bei eigenen Wünschen als auch im gesamten Verhalten zurückzunehmen. Er kompensierte diesen Verzicht, indem er bei seinen Freunden – also außerhalb des Elternhauses – der lustige und ausgelassene »Michi« war, mit dem man gut feiern und Spaß haben konnte. Im Zusammensein mit Ruth wiederholte er jedoch die Rolle des »lieben Michaels«, der sich gut anschließen konnte und keine Mühe hatte, eigene Wünsche hintanzustellen.

Beide übergingen somit jeweils ihre Individualität und nach einigen Jahren fühlte Michael eine zunehmende Unzufriedenheit, die er aber aufgrund seines Kindheitsmusters nicht klar orten oder gar äußern konnte. Sein Lösungsversuch bestand darin, wie er es früher gelernt hatte, wieder in der Außenwelt seine Freiheit zu suchen. Dies entfernte ihn aber immer mehr von Ruth. Anfangs war diese Distanzierung noch sehr subtil, spätestens aber, als er Tina kennenlernte, brach aus ihm plötzlich all das hervor, was sich an ungelebten, nur vage gespürten und nicht kommunizierten Sehnsüchten in ihm angesammelt hatte. Es hatte sich zu viel aufgestaut und er konnte nicht mehr zurück. So war die Trennung von Ruth ein für ihn notwendiger, aber auch schmerzlicher Schritt. Ruth erlebte dies zunächst wie einen Schock. Aber nach einigen Monaten konnte sie mit therapeutischer Hilfe die Entwicklung ihrer Beziehung nachvollziehen und diese folgenreiche Entscheidung besser begreifen.

Wie unser Stern auch in Zukunft leuchten kann

Wenn es uns als Paar ähnlich ergeht, ist es wichtig, uns zu verdeutlichen, wie leicht man sich als Paar mit allzu viel Einigkeit voneinander entfernen kann. Entsprechend ist es für Paare, die sich hierin wiederfinden, wichtig, dem Partner ihre eigene Stellungnahme zuzumuten. Dies setzt allerdings voraus, dass jeder einzeln für sich ein gutes Gespür dafür entwickelt, welche seine eigenen Wünsche und Bedürfnisse überhaupt sind. Wenn ich ähnlich wie Ruth und Michael aus bestimmten Gründen in der Kindheit nicht lernen konnte, dass auch meine eigenen Bedürfnisse legitim sind, dann fällt es mir in ähnlicher Weise später sehr schwer, diese sensibel wahrzunehmen.

Differenzierung ist notwendig

Um nicht in die Falle zu geraten, dass unbewusste Wünsche ständig übergangen werden und dann plötzlich zur Entfremdung vom eigenen Partner führen, hilft es, wenn beide sich immer wieder Zeit nehmen, herauszufinden, was sie eigentlich möchten. Denn alles, was schnell entschieden wird, stammt meist aus dem alten, tief verinnerlichten Anpassungsmuster von damals. Zwischen einer Anfrage wie »Willst du mit mir morgen Abend in das Konzert gehen?« und der Antwort empfiehlt es sich, eine kurze Pause zu setzen, notfalls sogar auch eine längere. Dann kann der Gefragte genauer spüren, ob er diesem Vorschlag wirklich folgen will oder ob er nicht lieber einen Abend mit einem langjährigen Freund verbringen möchte, der nur für zwei Tage in der Gegend ist.

Unterlasse ich dies und übergehe ich immer wieder meine eigenen Wünsche, dann ist dies vergleichbar mit einer Art Selbstverrat. Wenn ich meine Partnerin um kurze Bedenkzeit bitte, dann gewinne ich einen besseren Überblick über meine momentane Befindlichkeit und kann eine ehrlichere Antwort geben, die auf Dauer auch zu mehr Zufriedenheit in mir selbst führt.

Weiterhin setzt diese Form der Begegnung voraus, dass das Paar Unterschiede nicht als Bedrohung der Liebe empfindet, sondern sich diese gegenseitig zugesteht und sich individuelle Ausdrucksformen der jeweiligen Persönlichkeit erlaubt. Dies bedeutet auch: Wann immer ich eine andere Position einnehmen möchte und dies mutig tue und auch sage, was ich anders haben möchte, zeige ich Profil und werde zum Gegenüber. Dies erzeugt wiederum Spannung und hält die Beziehung lebendig. Ich bleibe dadurch für den anderen auch über längere Zeit interessant, da ich sozusagen unberechenbar und immer ein wenig fremd für ihn bin. Spannung und Fremdheit tragen schließlich auch im Bereich der Sexualität dazu bei, dass Lust und Erotik nicht verloren gehen.

Den Stern wiederfinden

Anregungen zum Nachdenken und gemeinsamen Reflektieren könnten diese sein:

- Unterschiede bedrohen nicht zwangsläufig die Liebe, sondern halten sie lebendig und auf Dauer attraktiv. Wenn es Ihnen manchmal so vorkommt, als gebe es zwischen Ihnen zu viel Einigkeit, dann sollten Sie darüber nachdenken, ob und wann jeder von Ihnen in Ihrer Beziehung dem anderen gegenüber

- zu viele Zugeständnisse macht,
- ihm zu häufig entgegenkommt,
- Entscheidungen halbherzig vorschlägt,
- Wünsche nicht oder nur unklar formuliert,
- darauf hofft, dass der andere meine undeutlich gezeigten Bedürfnisse herausspürt,
- Enttäuschungen nicht anspricht, sondern übergeht,
- den anderen nicht ehrlich über kleine Störungen informiert.

Unterschiede schaffen Spannung und halten sie zwischen den Partnern auch aufrecht. Wenn der andere ein wenig fremd bleibt, dann bleibt er zugleich auch interessant. Meine Neugier geht nicht verloren, weil ich die Reaktionen des anderen in und auswendig kenne.

- Es ist auch hier hilfreich, wenn Sie sich in Ihrer eigenen Lerngeschichte ein wenig auskennen und dies zum Beispiel durch selbstreflexive Aktivitäten (Selbsterfahrungsgruppen, Skriptseminare, Lesen von Büchern zu diesem Thema) unterstützen. Es geht darum, das Anpassungsmuster von damals zu identifizieren. Bei der Rückschau geht es nicht um tiefschürfende psychologische Analysen. Vielleicht haben Sie sich in Ihrer Familie nicht getraut, zu äußern, was sie eigentlich wollten aus Angst, die Mutter würde ungehalten reagieren oder der Vater würde enttäuscht sein. Oder aus Angst, die Eltern, die ohnehin oft streiten, werden dann noch zusätzlich belastet. Anpassung in der Kindheit zu praktizieren hat viele gute Gründe, denn es sichert dem Kind, dass das Elternsystem nicht überlastet wird oder gar kollabiert. Diese früh erworbenen Lösungsstrategien sind und bleiben auch später erhalten und sind sicher eine gute Ressource in der

Lebensbewältigung. Es ist absolut nützlich, die Fähigkeit zu besitzen, sich anzuschließen und an die Umgebung oder an andere gut anzupassen. Es bedarf jedoch einer Erweiterung des Verhaltensrepertoires, wenn die Partnerschaft stabil und lebendig bleiben soll. Diese Betrachtungen dienen dazu, sich der eigenen früh gelernten Verhaltensmuster bewusst zu werden. Denn nur so erkennen Sie leichter, wenn diese in der Gegenwart wieder auftauchen, und Sie können eine stereotype Wiederholung in der Paarbeziehung vermeiden, indem Sie auch mal mutig eine Meinung äußern oder Ihren Partner mit einem nicht vorher abgeglichenen Plan konfrontieren.

Konkrete Tipps aus der Sternwarte

- Wenn Ihr Partner Sie etwas fragt, antworten Sie nicht sofort, sondern sagen Sie ihm: »Ich überlege es mir und sage dir nachher Bescheid.« Prüfen Sie in der Zwischenzeit genau, was Ihnen derzeit wichtig ist, was Sie gern möchten und ob, wann und wie Sie auf den Vorschlag eingehen. So vermeiden Sie vorschnelle Zusagen und laufen nicht Gefahr, Ihre eigenen Bedürfnisse zu übergehen und sich zu rasch an den anderen anzupassen.
- Versuchen Sie, ausgehend von unterschiedlichen Bedürfnissen, durch Verhandeln einen geeigneten Kompromiss zu finden. Bevor verhandelt wird, kann jeder seinen Wunsch auf einen Zettel schreiben. »Ich würde gern heute Abend mit dem Fahrrad in die Stadt fahren und dann mit dir ins Kino gehen.« Der andere notiert: »Ich würde gern mit dem Auto fahren und noch bei Freunden vorbeischauen.« Damit verhindern die Partner, dass sie dem anderen schon bei der eigenen Ausgangsposition so sehr entgegenkommen, dass der eigene Standpunkt ver-

fälscht wird. Eine solche Verhandlung könnte dann folgendermaßen aussehen: »Diesmal geht es nach dir und dein Wunsch zählt, und das nächste Mal geht es nach mir.« Oder: »Ich möchte das größere Zimmer lieber als Wohnzimmer haben (auch wenn ich weiß, dass du es gern als Arbeitszimmer hättest).« Der Kompromiss: »Du bekommst das größere Zimmer für zwei Jahre als Arbeitszimmer und dann wechseln wir.« Oder der eine möchte in den Sommerferien ans Meer, der andere in die Berge. Der Kompromiss ist eine dritte Lösung: Mit dem Kanu und Campingausrüstung romantische Flussläufe in Frankreich entdecken.

- Führen Sie regelmäßige Bilanzgespräche (zum Beispiel an jedem ersten Sonntag des Monats, später alle sechs Monate und dann immer am Valentinstag oder Ähnliches). Hierbei sollten folgende Fragen im Mittelpunkt stehen: »Wie zufrieden sind wir mit unserer Beziehung, was übergeht jeder von uns manchmal bei sich, wo sind wir beide zu unklar, was müssten wir deutlicher sagen, welchen stillen Wunsch hegen wir schon länger, ohne ihn offen mitgeteilt zu haben?« Auch hier empfiehlt es sich, die Stichpunkte schriftlich vorzubereiten.
- Reduzieren Sie verharmlosende, einschränkende Formulierungen und ersetzen Sie sie durch klare Aussagen: Anstatt Ihren Partner zu fragen »Was willst du heute machen?«, sollten Sie besser einen ganz konkreten Vorschlag machen: »Ich will heute gerne eine Radtour mit dir machen.« Vermeiden Sie auch undifferenzierte Worte wie: eigentlich, ein bisschen, etwas, so in etwa, eventuell, gewissermaßen, ein Stück weit, irgendwie, irgendwas, irgendwo ...

Wie Leitsterne entstehen

Leitsternen gehen Leitideen voraus, nach denen wir nicht nur unbewusst unsere Partner auswählen, sondern mit denen wir unsere Beziehungen auch gestalten. Sie entstehen einerseits in unserer Kindheit und werden andererseits auch von eigenen bisherigen Beziehungserfahrungen beeinflusst. Es sind unbewusste Grundüberzeugungen, die nicht immer von beiden Partnern gleichermaßen vertreten werden, sondern von einem angestoßen werden und den anderen dazu veranlassen können, sich ihnen – wie einem Leitstern folgend – ebenfalls anzuschließen. Es kann also sein, dass in einer Paarbeziehung auch ganz unterschiedliche Leitsternideen vorhanden sind, die nicht komplementär sind und wodurch viel Kampf und Streit entsteht. Dies sind dann eher Machtpaare oder Paare, die mit der Hoffnung leben, es würde sich der andere irgendwann dem eigenen Leitstern anschließen. Die in diesem Buch beschriebenen unterscheiden sich in komplementäre, sich ergänzende Leitsterne (Kapitel 3 und 9) und gemeinsame, symmetrische Leitsterne (die anderen Kapitel).

Die erste und wichtigste emotional nahe Beziehung ist die zu den Eltern. Später folgen eigene Erfahrungen, die wir in der ersten Verliebtheit gesammelt haben und die unsere Leitideen weiter ausdifferenzieren, immer in der Hoffnung, die Liebe möge dann dauerhaft bleiben. Weiterhin spielen Paarmodelle unserer unmittelbaren Umgebung eine entscheidende Rolle bei der Entstehung unbewusster Leitideen. Hierbei sind auch der soziale Status und das Milieu, in welchem wir leben, keineswegs unwichtig. Im ländlichen Milieu mit überwiegend katholischer Bevölkerung neigen Paare zum Beispiel eher dazu, den Zusammenhalt und das Gemeinsame zu betonen, während in städtischer Umgebung ein hoher Grad an Autonomie und Unabhängigkeit für eine glückliche Beziehung als entscheidend betrachtet werden. Schließlich haben heute auch die intensiven Werbe- und Medieneinflüsse eine prägende Funktion und ergänzen bereits verinnerlichte Paarbilder, die wir als Kind über Märchen und Mythen erfahren haben. Nach meiner Erfahrung scheint es aber dennoch so zu sein, dass die stärkste Einflussquelle aus unserer Kindheit stammt, genauer gesagt aus den Beziehungsmodellen, die wir aus unserer Herkunftsfamilie kennen.

Leitideen entwickeln sich meist unbewusst und spielen somit, wenn wir uns verlieben, eine entscheidende Rolle, da wir uns häufig exakt von den Eigenschaften des Partners angezogen fühlen, die jene Bedürfnisse erfüllen, welche wir als Kind vermisst haben und deren Erfüllung wir uns so sehr von unseren Eltern gewünscht hätten.

Meist konnten diese unsere Bedürfnisse aus verständlichen Gründen an der einen oder anderen Stelle nicht oder nicht genügend berücksichtigen und deshalb erscheint uns genau der Mensch, der uns im späteren Leben begegnet und diese Lücke gut versorgen kann, so extrem attraktiv. Wir selbst nehmen dabei innerhalb einer Liebesbeziehung jene Rolle ein, die der in unserer Herkunftsfamilie ähnelt. Habe ich zum Beispiel meine Zuwendung und Anerkennung als »lieber Junge« deshalb erhalten, weil ich mich immer darum kümmerte, dass es allen in der Familie gut ging, dann werde ich mit hoher Wahrscheinlichkeit auch in meiner Partnerschaft mit diesem Verhalten die Liebe auf Dauer sichern wollen und somit nach folgender Leitidee handeln: »Ich tue alles für dich, dann bleibt mir deine Liebe erhalten!« Somit behalten wir genau die früh entwickelten Verhaltensmuster bei, mit welchen wir unsere existenziell wichtigen, seelischen Grundbedürfnisse wie Zugehörigkeit, Unterstützung, Anerkennung, Aufmerksamkeit und Liebe sichern konnten. Sie werden zu inneren, verlässlichen Garanten, derer wir uns zunächst nicht bewusst sind. Auch im späteren Leben und in verschiedenen sozialen Rollen, besonders in emotional nahen Beziehungen, aber auch in der Berufsrolle, versorgen wir unsere Grundbedürfnisse mithilfe dieser früh verinnerlichten Grundideen.

Wenn ich also zum Beispiel als Kind von meinen Eltern oder den Personen, die mich betreuten, emotional wenig Resonanz bekommen habe und stattdessen überwiegend Aufmerksamkeit für Geleistetes erhielt, wird mir ein Partner besonders attraktiv erscheinen, der im Zusammensein mit mir genau spürt, was ich brauche, also meine Gefühle mitberücksichtigt, sich oft danach erkundigt, wie es mir geht, und mich emotional gut versorgt, indem er mir sein Interesse genau in der Weise zeigt, wie ich es mir damals so sehr gewünscht hatte.

Wenn ich im Gegensatz dazu als Kind emotional überversorgt wurde, dann wird mir die Entwicklung und Aufrechterhaltung meiner Selbstständigkeit und Autonomie als erwachsene Frau oder erwachsener Mann von hoher Bedeutung sein und eher ein Leitsatz wie in Kapitel 11 entstehen, »Jeder ist für sich selbst verantwortlich«, oder: »Bei uns geht es gerecht zu«, wie es im zweiten Kapitel beschrieben wurde.

Ein weiterer Aspekt, der bei der Entstehung von Leitideen eine wichtige Rolle spielt, sind unsere ersten Beziehungen im Leben: unsere Mutterbeziehung, unsere Vaterbeziehung und die Elternbeziehung, also jenes Beziehungsmodell, das wir als Kind bei unseren Eltern erlebt haben. Wir tendieren in letzterem Fall dazu, dieses entweder zu kopieren oder eine Art Antimodell, also genau das Gegenteil des Elternmodells, zu leben. Solche konträren Modelle sind jedoch lediglich zwei Seiten derselben Medaille, denn beide sind unfrei und basieren auf in Abhängigkeit gebliebenen Handlungsimpulsen. In solchen Fällen sind folgende Leitsätze möglich, um die Liebe zu erhalten: »Wir lieben uns, weil die anderen es wollen« (Kapitel 12) oder »Wir machen alles anders« (als unsere Eltern), wie in Kapitel 8 beschrieben.

Hinsichtlich Mutter und Vater ist es entscheidend, ob und wie diese für uns emotional präsent waren und ob es noch andere Personen gab, die diese Rollen gut kompensieren konnten, wie beispielsweise Großeltern, Stiefmutter oder -vater, Adoptiv- beziehungsweise Pflegeeltern, Onkel oder Tanten und andere.

Ich könnte an dieser Stelle einige Konstruktionen wagen, die ganz der Logik folgen: Wenn die Kindheit einer Person durch folgende Umstände geprägt wurde, dann wird sie ihre Liebesbeziehungen später in dieser oder jener Form gestalten, wobei sich dieser oder jener Leitsatz als innere Orientierung ausbildet. Auf solche Vereinfachungen möchte ich jedoch aufgrund der Vielfalt des menschlichen Lebens verzichten. So ist doch jeder Mensch einzigartig und in seiner Individualität zu achten. Es lassen sich deshalb in der Beziehungsgestaltung nur Tendenzen ableiten und es bedarf einer persönlichen Analyse der eigenen Handlungs- und Denkmuster, um der Besonderheit der einzelnen Person gerecht zu werden.

Wichtig ist, dass Leitideen meistens früh in der Biografie entstanden sind und dass es sich lohnt, nochmals in der eigenen Vergangenheit zu forschen und sich dafür zu interessieren, welche meiner Grundbedürfnisse unter- oder gar unversorgt geblieben sind. Es trägt zur Klärung bei, sich diese bewusst zu machen und den daraus entstandenen Leitsatz, nach welchem ich Partnerschaft gestalte, zu hinterfragen. Letztlich geht es nicht darum, das Geschehene und Erlebte der eigenen Kindheit sowie die daraus entstandenen Verhaltensmuster zu eliminieren, denn diese begleiten uns ein Leben lang, sondern vielmehr, in Kenntnis dieser unser bestehendes Verhaltensrepertoire zu erweitern und zu flexibilisieren, um freier und glücklicher zu werden.

Die richtige Balance finden

Nun bleibt beim interessierten Leser sicherlich die Frage offen, welchem Leitstern denn nun zu folgen das Beste ist, welches Paarszenario also der Idealform entspricht und ob dies dann auch dauerhaft die Liebe sichern kann.

Ich bin der Ansicht, dass alle Leitsterne, die in diesem Buch beschrieben wurden – und es gibt sicherlich noch weitere –, etwas Wertvolles für die dauerhafte Liebe in langjährigen Paarbeziehungen haben. Die beschriebenen Paare und alle, die ihnen ähnlich sind, verfolgen durchaus kluge Ideen, in denen unbewusst oder bewusst eine Menge an Weisheit steckt, und es ist alles in allem mit tiefem Respekt zu betrachten, wie jeder Einzelne sich einsetzt oder sogar darum ringt, die Liebe immer wieder lebendig zu halten.

Die Kunst besteht darin, dafür zu sorgen, dass sich keine Leitidee in eine zu starre Form hineinentwickelt oder dass sie nicht im Laufe der Zeit zu rigide und zu unflexibel verfolgt wird. Untersucht man die genannten Leitideen nach ihren Polaritäten, die darin verborgen sind, dann finden sich hier in Anlehnung an das Konzept von Hans Jellouschek folgende:

- Autonomie – Bindung
- Verantwortung selbst übernehmen – Verantwortung an den anderen delegieren
- Geben – Nehmen (emotional und materiell)
- Tiefe in der Begegnung – Leichtigkeit in der Begegnung
- Zweisamkeit, starke Paargrenzen – mit anderen sein, durchlässige Paargrenzen
- initiativ sein, führen – eher abwartend sein, sich anschließen
- gemeinsam wirtschaften, Betonung von WIR – getrennte Rechnungen, Betonung von ICH und DU

- sich den Erwartungen aus der Umwelt anpassen – sich an eigenen Bedürfnissen orientieren

Ich rate Paaren, darauf zu achten, dass das Pendel immer wieder von einem Pol zum anderen, also von der einen zur anderen Seite schwingt. Das bedeutet, dass in einer glücklichen Beziehung jeweils beide Pole wechselnd vorkommen. Und auch, dass die Verteilung der Rollen auf die Partner sich abwechselt. Wenn einer zum Beispiel dazu neigt, sich zu sehr zu kümmern, dann fixiert er damit gleichzeitig den anderen darauf, sich versorgen zu lassen, und umgekehrt. Es ist also ratsam, wenn jeder der beiden Partner lernt, sich in die jeweils andere Rolle hineinzubegeben. Derjenige, der besonders auf eine emotional intensive Begegnung mit seiner Partnerin angewiesen ist, kann auch einmal »sinnlosen« Spaß am Leben ausprobieren und dafür dem anderen das Zelebrieren der Begegnung und die sensible, detailgenaue Gesprächsführung überlassen.

Die oben genannte Fixierung kann auch das Paar insgesamt und seine Art, den Alltag zu gestalten, betreffen. Wenn er zum Beispiel dazu neigt, sich zu sehr von der Außenwelt abzugrenzen, dann ist es gut, dafür einen Ausgleich zu schaffen und sich auch hin und wieder unter andere zu mischen und sich von ihnen inspirieren zu lassen. Wenn das Paar dazu neigt, sich zu sehr in Aktionismus zu verlieren, dann gilt es, mehr darauf zu achten, dass es verlässliche Paarinseln gibt (vgl. Kapitel 6).

Mit dem Vorschlag, die Pole wechselseitig zu besetzen, ist aber auch häufig eine persönliche Entwicklungsherausforderung verbunden, da dem einen Partner eine Rolle oft leichter fällt als dem anderen. Um zum Beispiel als sogenannter »Bindungstyp« auch mal ohne meinen Partner etwas für mich zu unternehmen und mich obendrein noch wohl dabei zu fühlen, muss ich mein Verhaltensrepertoire erweitern und lernen, wie ich eigene Aktivitäten planen und umsetzen kann. Nur so werde ich etwas autonomer – und für meine Partnerin attraktiver. Dazu ist eine gewisse Anstrengung und Selbstüberwindung nötig, denn ich verlasse meine gewohnten Pfade und das fühlt sich zunächst fremd an. Aber es ist der Preis, den es sich lohnt zu zahlen, um der Paarentwicklung eine Chance zu geben. Wenn beide Partner diese Herausforderung annehmen und bereit sind, neues Verhalten zu lernen, anstatt auf die eigenen Verhaltensmuster zu vertrauen, dann beherzigen sie eine sinnvolle und verantwortliche Grundregel zum Erhalt der Liebe, auch auf Dauer.

Das Leben hält genügend Unwägbarkeiten bereit, durch welche Paare in Krisen geraten können. So betrachtet ist es gut investierte Kraft, wenn ein Paar sich seiner Leitideen bewusst wird und, wie in den einzelnen Kapiteln dieses Buches beschrieben, rechtzeitig darauf reagiert. Denn mit einer guten Basis, die Stabilität und genügend Puffer schafft, können Paare krisenhafte Übergänge besser bewältigen. Dazu zählen plötzliche Arbeitslosigkeit, Krankheit oder andere erschwerte Lebensumstände sowie lebenszyklisch bedingte Phasen wie die Geburt von Kindern, Berufsaufbau, Auszug der Kinder und Berentung.

Immer wieder werden wir der Liebe folgen und um sie kämpfen, wie es Rainer Maria Rilke in seinem Gedicht »Der Liebe Landschaft« zum Ausdruck bringt:

Immer wieder, ob wir der Liebe Landschaft auch kennen
und den kleinen Kirchhof mit seinen klagenden Namen
und die furchtbar verschweigende Schlucht, in welcher die
andern
enden: immer wieder gehn wir zu zweien hinaus
unter die alten Bäume, lagern uns immer wieder
zwischen die Blumen, gegenüber dem Himmel.

Dem eigenen Leitstern auf die Spur kommen

Kleiner Test für Paare

Nehmen Sie sich einen Abend Zeit und tauschen Sie sich über folgende Fragen aus:

1. Worauf achten wir in der Gestaltung unserer Paarbeziehung besonders, um unsere Liebe zu erhalten?
2. Welche Rolle hast du dabei und welche nehme ich typischerweise ein?
3. Wie sind die Rollen in Bezug auf folgende Positionen bei uns tendenziell verteilt? Die im Folgenden aufgeführten Gegensätze sind lediglich als Extrempunkte einer Skala zu verstehen.

   Bitte kreuzen Sie auf der Skala an, wo Sie und Ihr Partner zu verorten sind.

1	2	3	4	5	6	7	8	9	10

autonom sein — auf Bindung ausgerichtet sein

1	2	3	4	5	6	7	8	9	10

Verantwortung selbst übernehmen — Verantwortung an den anderen delegieren

1	2	3	4	5	6	7	8	9	10

Geben hinsichtlich des emotionalen Austauschs — Nehmen hinsichtlich des emotionalen Austauschs

1	2	3	4	5	6	7	8	9	10

Geben hinsichtlich des materiellen Austauschs — Nehmen hinsichtlich des materiellen Austauschs

1 2 3 4 5 6 7 8 9 10

Tiefe in unserer Begegnung — Leichtigkeit in unserer Begegnung

1 2 3 4 5 6 7 8 9 10

Zweisamkeit, starke Paargrenzen — mit anderen sein, durchlässige Paargrenzen

1 2 3 4 5 6 7 8 9 10

Initiative zu Gesprächen ergreifen — Gespräche eher abwarten

1 2 3 4 5 6 7 8 9 10

alles in einen Topf werfen — getrennte Buchführung

1 2 3 4 5 6 7 8 9 10

sich an den Erwartungen der Umwelt orientieren — sich an den eigenen Bedürfnissen orientieren

1 2 3 4 5 6 7 8 9 10

eigene Standpunkte, Bedürfnisse klar äußern — sich der Meinung des Partners eher anpassen

4. Wie lautet nach dieser Betrachtung vermutlich unser gemeinsamer beziehungsweise dein oder mein Leitstern?

5. Wie flexibel können wir unsere Rollen wechseln?

6. Wo gelingt es gut und wo müsste ich beziehungsweise müsstest du neue Verhaltensweisen entwickeln?

7. Welche Verhaltensweise wäre das genau?

   Bei dir?

   Bei mir?

8. Was wäre hierzu der nächste konkrete Schritt?

   Bei mir?

   Bei dir?

9. Wann wollen wir damit beginnen?

Du?

Ich?

Dank

Ich danke allen Paaren, die sich mir bisher in Paargruppen oder Einzelberatungen anvertraut haben und mich teilhaben ließen an den vielen freud- und leidvollen Erfahrungen ihres gemeinsamen Weges. Mit Respekt erfüllt es mich, dass sie sich mutig dazu entschlossen haben, an einem bestimmten Zeitpunkt ihrer Beziehungsgeschichte die eigenen Strategien der Problemlösung als insgesamt unzuträglich zu bewerten und sich stattdessen professionelle Unterstützung zu suchen. Oft standen sie aber auch an einem Punkt großer Verzweiflung oder Angst, von dem sie sich herausgefordert fühlten, in der entstandenen Krise eine Chance zur persönlichen Entwicklung zu sehen und sich dieser zu stellen.

Nur aus diesem Grund, nur weil es diese mutigen Männer und Frauen gab und immer noch gibt, konnte ich die hier gesammelten Erfahrungen wiedergeben, und nur weil ich immer wieder erlebte, wie sehr ihre Sehnsucht nach einer erfüllten Liebe sie um diese kämpfen ließ, konnte ich davon berichten. Ich bin zutiefst dankbar für diese unzähligen Einblicke in Paarbeziehungen, denn sie haben mich demütig werden lassen gegenüber der Kraft, die von zwei Menschen ausgehen kann, wenn sie einander lieben.

Dankbar bin ich auch Frau Imke Rötger, die mich als Lektorin des Kreuz Verlags mit ihrem charmanten und wertschätzenden Geschick sowie inhaltlich überzeugenden Argumenten dafür gewinnen konnte, das Buch in dieser Form zu schreiben.

Ich danke meinem Vater, von dem ich lernte, wie man diszipliniert arbeitet und wie lohnend es ist, Ziele konsequent zu verfolgen, die einem wichtig sind.

Besonders danke ich meinem Mann, Hans-Harald Niemeyer, für viele inspirierende Gespräche, für sein engagiertes Korrekturlesen und vor allem für die liebevolle Versorgung unseres kleinen Sohnes, so dass ich nicht nur dieses Buch schreiben konnte, sondern darüber hinaus seit Jahren ein erfülltes Berufs- und Familienleben verwirklichen kann.

Literatur

Chapman, Gary: Die fünf Sprachen der Liebe. Wie Kommunikation in der Ehe gelingt. 4. Auflage, Francke, Merburg 2004.
Clement, Ulrich: Guter Sex trotz Liebe – Wege aus der verkehrsberuhigten Zone. Ullstein, Berlin 2006.
Hansen, Hartwig: Respekt – Der Schlüssel zur Partnerschaft, Klett-Cotta, Stuttgart 2008.
Heer, Klaus: WonneWorte – Lustvolle Entführung aus der sexuellen Sprachlosigkeit. Rowohlt, Reinbek 2000.
Jellouschek, Hans: Liebe auf Dauer. Die Kunst, ein Paar zu bleiben. Kreuz, Stuttgart 2004.
Jellouschek, Hans: Was die Liebe braucht – Antworten auf die wichtigsten Beziehungsfragen. Kreuz, Stuttgart 2009.
Jellouschek, Hans: Achtsamkeit in der Partnerschaft – Was dem Zusammenleben Tiefe gibt. Kreuz, Freiburg 2011.
Moeller, Michael Lukas: Die Wahrheit beginnt zu zweit. Das Paar im Gespräch. Rowohlt, Reinbek 1997.